DEN FÜR DIE FREIHEIT ÖSTERREICHS GESTORBENEN

Universitätsverlag Wagner

DEN FÜR DIE FREIHEIT ÖSTERREICHS GESTORBENEN

Das Befreiungsdenkmal in Innsbruck
Prozesse des Erinnerns

Herausgegeben von Horst Schreiber und Christopher Grüner

Projektgruppe:

Künstlerisches Konzept:

Christopher Grüner

Wissenschaftliche Leitung:

Horst Schreiber

Wissenschaftliche Grundlagen und Recherche:

Martin Achrainer, Christian Mathies,

Horst Schreiber, Gisela Hormayr, Oliver Seifert

Typografie:

Markus Weithas

Gefördert von

Gedruckt mit freundlicher Unterstützung durch die Kulturabteilung des Landes Tirol.

Umschlaggestaltung und Satz: Markus Weithas

Bibliographische Information der Deutschen Nationalbibliothek
Die Deutsche Nationalbibliothek verzeichnet diese Publikation in der Deutschen Nationalbibliographie; detaillierte bibliographische Daten sind im Internet über http://dnb.ddb.de abrufbar.

ISBN 978-3-7030-0955-6

Inhalt

Vorwort

Die Neugestaltung des Eduard-Wallnöfer-Platzes vor dem Landhaus in Innsbruck konfrontierte das Land Tirol mit etlichen Herausforderungen und Chancen. Schon allein die Gestaltung eines großen innerstädtischen Freiraums ist ja eine der schwierigsten Aufgaben der Architektur und Stadtplanung. Beim Eduard-Wallnöfer-Platz war diese Aufgabe dadurch erschwert, dass er als Vorplatz des in monumentaler Architektur 1938/39 als Gauhaus errichteten Neuen Landhauses und als Standort des Befreiungsdenkmals und weiterer Denkmäler dient. Die Arbeitsgemeinschaft LAAC/Stiefel Kramer/Grüner hat diese Herausforderung 2011 mit einem anspruchsvollen Projekt bewältigt. Im Zusammenspiel von Stadtplanung, Architektur, bildender Kunst und Landschaftsplanung entstand ein Platz, der ob der Klarheit und Eigenwilligkeit seiner Gestaltung durchaus kontrovers aufgenommen wurde. Seit seiner Freigabe 2011 erfüllt er repräsentative Aufgaben als Versammlungsort vor dem Landhaus, wird aber auch von vielen Menschen aller Altersgruppen als Durchgangsort, als Rastplatz und als Spielplatz ganz selbstverständlich belebt und genutzt.

Eine besondere Aufgabe der Neugestaltung war, die neben dem Befreiungsdenkmal von 1948 mehr in historischer Zufälligkeit, denn aus bewusster Planung am Platz entstandenen Denkmäler neu zu positionieren. Mit der neuen Gestaltung wurden die 1997 zur Erinnerung an die Opfer des Novemberpogroms 1938 errichtete Menora, der 1999 zur Erinnerung an die im 20. Jahrhundert erfolgte Eingemeindung der Innsbrucker Vororte errichtete Vereinigungsbrunnen und die 1963 zur Erinnerung an die Übergabe der Grafschaft Tirol an die Herzöge von Österreich durch Margarethe Gräfin zu Tirol 1363 errichtete Gedenktafel in einen präzise gestalteten und würdigen Rahmen gesetzt.

Einem lang schon gehegten Wunsch der Verbände der Freiheits- und Widerstandskämpfer folgend, nützte das Land Tirol schon 2011 die Gelegenheit, den Opfern des Widerstands gegen den Nationalsozialismus ein deutliches Zeichen respektvoller Erinnerung zu setzen. An den hoch aufragenden Seitenwänden des Befreiungsdenkmals angebracht, erinnern Namenslisten an jene Menschen, die sich aus unterschiedlichen Motiven, aber mit bewussten Handlungen dem Regime verweigert haben und im Widerstand ums Leben kamen. Es sind die bis heute wissenschaftlich belegbaren Namen von Tirolerinnen und Tirolern, denen wir, wie auch den Soldaten der alliierten Streitkräfte, die Möglichkeit der Freiheit Österreichs verdanken. Die Liste der zunächst 107 Personen wurde nach Abschluss eines vom Land Tirol finanzierten Forschungsprojekts nun auf 124 Frauen und Männer erweitert. Als konkret benennbare Menschen treten sie aus der Anonymität heraus und in die Erinnerungskultur Tirols ein.

Die Widmung des Befreiungsdenkmals wurde 1948 in lateinischer Sprache an der Nordseite seiner Attika festgehalten. Die deutsche Übersetzung steht seit 2011 über den Namenslisten der Opfer des Widerstands zwischen den Lisenen der Seitenwände. An der Südseite der Attika wurde nun die Widmung in den Sprachen der alliierten Armeen, Englisch, Russisch und Französisch, wiedergegeben, womit die Intentionen der Errichter des Denkmals ebenso deutlich werden, wie die historisch außer Streit stehenden Verdienste aller für die Freiheit Österreichs gestorbenen Menschen.

Das Befreiungsdenkmal wurde von 1946 bis 1948 auf Initiative und auf Kosten der französischen Besatzungsmacht nach Entwürfen des Architekten der französischen Militärregierung für Tirol und Vorarlberg, Major Jean Pascaud, von Tiroler Künstlern und Handwerkern errichtet. Die zwischen den Säulen eingehängten Gitter mit den kreuzförmig angeordneten Wappen der österreichischen Bundesländer wurden 2011 zu Toren umfunktioniert und zeitweise geöffnet. Nach einer einstimmigen Entschließung des Tiroler Landtags vom 30. Juni 2016 bleiben die Gitter als Tore in Funktion und werden künftig temporär und wiederkehrend geöffnet. Das Denkmal wird damit durchgängig und Teil eines urbanen Ortes voller Leben. Der Akt der Öffnung vermittelt eine deutliche Botschaft: Die Öffnung unserer Gesellschaft ist eine wesentliche Bedingung unserer Freiheit. Die Öffnung der Gitter des Befreiungsdenkmals ist aber auch ein Bekenntnis des Landes Tirol: Unsere Geschichte ist nicht abgeschlossen, wir sind offen für Veränderungen und bereit, uns immer wieder auf eine Prüfung unseres Herkommens und unserer Werte einzulassen. Dies sind wir den für die Freiheit Österreichs Gestorbenen schuldig – aber auch der Freiheit unserer Kinder.

Dr. Beate Palfrader
Landesrätin für Bildung, Familie und Kultur

14.9.2016: Namen und Sätze sind geschrieben, die Tore bald offen

Das Befreiungsdenkmal – Schärfstein unserer Erinnerungskultur
Eine Intervention
Christopher Grüner

«Etliche Pessimisten konnten es sich nicht versagen, zu prophezeien, daß das Denkmal sofort nach Abzug der französischen Besatzung geschleift werden würde. Wir können nun zu unserer Freude feststellen, dass dieses Monument nunmehr zum Kunstschatz der Stadt Innsbruck zählt.»
General Émile Béthouart 1967 [1]

Das Befreiungsdenkmal wurde freilich von den wenigsten TirolerInnen selbst als Schatz empfunden, noch stellte es einen identitätsstiftenden historischen Bezugspunkt dar. Es zu versenken, zu sprengen, zu verhüllen, umzunutzen: Die Liste der Vorschläge, viele aus studentischen Projekten hervorgegangen, ließe sich beliebig ergänzen – das ungeliebte «Franzosendenkmal» aber blieb unangetastet.

Im Herbst 2008 wurde ein baukünstlerischer Wettbewerb zur Neugestaltung des Eduard-Wallnöfer-Platzes ausgelobt, aus dem die ARGE LAAC/ Stiefel Kramer/Grüner als Sieger hervorging.

Die Erhaltung des Befreiungsdenkmals war wichtiger Bestandteil der Ausschreibung. Es wirkte in seiner Erscheinung allerdings weniger als Befreiungsdenkmal denn als Siegesdenkmal auf dem Platz. Der Architekt der französischen Militärregierung, Jean Pascaud, ist mit der Gestaltung und Positionierung des Befreiungsdenkmals einer «Ästhetik der Topographie» gefolgt, die immer Thema in der Geschichte der Denkmäler ist. Die Ähnlichkeit zum Portikus des Landhauses war bewusst gewählte gestalterische Fortschreibung.

Die inhaltliche Information des Monuments und dessen Funktion als Befreiungsdenkmal wurden durch sein äußeres Erscheinungsbild konterkariert. Daher stellten sich die Fragen:

Wie kann man diese vorhandene Double-Bind-Situation auflösen?
Wie kann man der Erhabenheit des Denkmals begegnen?
Wie kommentiert man die autoritäre, imperiale Geste?
Was war die ursprüngliche Intention der Erbauer?
Kann das Denkmal als Schärfstein unserer Erinnerungskultur dienen?
Kann es in die Gegenwart geholt werden?

---

1   Horst Schreiber: Das Befreiungsdenkmal am Eduard-Wallnöfer-Platz in Innsbruck, in:
Zeit-Raum-Innsbruck (Schriftenreihe des Innsbrucker Stadtarchivs 7), Innsbruck 2006, S. 77-106.

Die Möglichkeit, die symmetrische Spannung zwischen Denkmal und Landhaus zu lösen, bestand zum einen darin, dem Denkmal eine leicht geneigte Basis zugrunde zu legen, zum anderen, es in die neue Landschaft der sanften Hügel einzubetten. Die Topographie beinhaltet die Pflanzräume der Bäume, Ab- und Aufgänge zur Tiefgarage und frei geformte Benutzeroberflächen. Sie kreiert in ihrer Gesamtheit eine große Liegende (Plastik) und ist auch Fassung für das Denkmal. Durch das Einpassen des Sockelbereichs in die Bodenplastik wurde dessen dominanter Charakter gemildert.

Öffnung – Befreiung

Nichts am Denkmal wurde entfernt – nichts wurde unsichtbar gemacht. Es wurde nicht zu jenem Denkmal, von dem ich mir wünschte, dass es damals gebaut worden wäre.

Die Öffnung der vorhandenen Gitter befreit auch räumlich, die durch diese Intervention entstandenen Tore rahmen Teile der Stadtlandschaft und ermöglichen somit neue Blicke und Fokussierungen.

Pro Libertate Austriae Mortuis

Das Befreiungsdenkmal hat in seiner Anmutung über Jahrzehnte den Dialog verweigert. Wenn die Form in die Irre führt, muss Sprache präsent sein. An die getöteten englischen, französischen, sowjetischen und amerikanischen Befreier Österreichs wird nun durch die Übersetzung des lateinischen Satzes in deren jeweiligen Landessprachen erinnert.

> To those who died for the freedom of Austria
> Погибшим за свободу Австрии
> Pour ceux qui sont morts pour la liberté de l'Autriche

Die Sprachen legitimieren die Bezeichnung «Befreiungsdenkmal» und stärken die Intention der Erbauer.

An den Schmalseiten des Denkmals werden unter der Übersetzung ins Deutsche die Namen jener Frauen und Männer genannt, die auf Grund ihres Widerstandes gegen den Nationalsozialismus ums Leben kamen. Als nun konkret benennbare Menschen treten sie aus ihrer bisherigen Anonymität heraus. Sie erinnern aber auch an jenen symbolischen Tausch, der durch die Moskauer Deklaration von 1943 möglich wurde – und daran, wie lange unsere Gesellschaft brauchte, um aus der angebotenen und gewünschten Amnesie zu erwachen.

~

Das Befreiungsdenkmal am Eduard-Wallnöfer-Platz in Innsbruck

Horst Schreiber

Horst Schreiber

DER BAU DES GAUHAUSES (NEUES LANDHAUS)

Der Nationalsozialismus war eine bürokratische Krake, aufgebläht in der Verwaltung und Partei. Doch wo sollten all diese Ämter, Behörden, Dienststellen, Sonderbeauftragten, Verbände und Gliederungen Platz finden? Allein in Innsbruck mussten 21 Parteidienststellen in Privaträumen ihr Auslangen finden.

Die neuen Machthaber beschlossen bald nach dem «Anschluss» im März 1938 den Bau eines Gauhauses, in dem Regierung, Verwaltung und Partei ihren Sitz haben sollten. Ein Wettbewerb wurde ausgeschrieben, den die in Innsbruck ansässigen Architekten Walter und Ewald Guth gewannen.[1]

Das Gauhaus war ein Anbau an die Rückseite des alten Landhauses (Taxis-Palais) in der Welsergasse, daher wurde das Gebäude auch als «Landhauserweiterungsbau» bezeichnet.

Ursprünglich war geplant, vor der Front des Gauhauses einen «größeren Platz» mit einem Ehrenmal für die vor 1938 im Kampf gegen Republik und «Ständestaat» umgekommenen Tiroler Nationalsozialisten zu schaffen. Dort, wo heute das Befreiungsdenkmal steht, wollte das Regime zwei steinerne Opferpylonen errichten, um einen nationalsozialistischen Märtyrerkult zu inszenieren.[2] Im Jänner 1939 war in den «Innsbrucker Nachrichten» zu lesen:

«Die Bauten, die sich zwischen dem Bismarckplatz [heute Casino und Haus der Industrie] und dem zukünftigen Erweiterungsbau des Landhauses einschieben, wurden zum Teil käuflich erworben und werden einem weiten Vorplatz Raum geben, der mit dem Bismarckplatz zu einer einzigen Fläche verwachsen wird. … Die Idee des Nationalsozialismus verkörpert sich ja mit an erster Stelle in seinen Bauten.»[3]

Der Bau des Gauhauses war als Auftakt für eine monumentale Neugestaltung der Stadtmitte gedacht. Dazu zählten eine gigantische Gauhalle und ein kolossaler «Aufmarschplatz für Kundgebungen und politische Feiern» zwischen Gauhaus und dem geplanten «Haus der Bergsteiger» auf dem damaligen Bismarckplatz.[4] Der Krieg und die Konzentration auf den Wohnbau für die Optantinnen und Optanten aus Südtirol vereitelten all diese Vorhaben. Das fünfgeschossige Gauhaus blieb der einzige große Repräsentationsbau des Nationalsozialismus

---

1 URSULA EGGER, Der Landhausplatz in Innsbruck, Diplomarbeit am Institut für Kunstgeschichte der Universität Innsbruck 1996, 122f; Innsbrucker Nachrichten (IN) v. 13.08.1938, 6.
2 Ebd.
3 IN v. 28.01.1939, 9.
4 SABINE PITSCHEIDER, Die «Neugestaltung» Innsbrucks nach dem «Endsieg», in: ROLF STEININGER / SABINE PITSCHEIDER, Tirol und Vorarlberg in der NS-Zeit, Innsbruck-Wien-München-Bozen 2002 (= Innsbrucker Forschungen zur Zeitgeschichte 19), 281-297, hier 288-293.

in Tirol. Es ist ganz im bevorzugten Stil des Nationalsozialismus für Repräsentationsbauten gehalten: monumental und klassizistisch. Die sachlich gehaltene Fassade verweist auf seinen Charakter als Zweckbau. Doch das Gauhaus hatte eine Funktion zu erfüllen, die über die eigentliche Aufgabe des Gebäudes hinauswies. Es demonstriert mit seiner Wuchtigkeit die Größe, Stärke und Allmacht von Staat und Partei. Die einschüchternde Wirkung, die vom Gebäude ausgeht, war bewusst geplant. Der Nationalsozialismus schuf keinen eigenen Baustil, sondern nutzte alle historischen Formen, die ihm für seine Absichten geeignet und von den Dimensionen her groß genug erschienen. Seine Monumentalität gewinnt das Gauhaus in Innsbruck durch das Eingangsportal in Form eines vorspringenden Kubus mit überdimensionierten neoklassizistischen Säulen. Eine gewisse Ähnlichkeit mit der Reichskanzlei von Albert Speer in Berlin springt ins Auge.[5]

Am 10. September 1938 nahm Gauleiter Franz Hofer mit großem Propagandaaufwand den ersten Spatenstich vor. Der tatsächliche Baubeginn erfolgte am 15. Oktober 1938. Im Schnitt waren 210 Arbeiter beschäftigt:

«Und wenn endlich der Hoheitsträger des Gaues den ersten Spatenstich tut, und die Kolonnen der Arbeitskameraden ihm folgen, um einen Bau auszuführen, der der politische Mittelpunkt des Gaues werden soll, so wird dies nicht die Arbeitsstätte verkalkter Bürokraten sein, sondern das Lebenszentrum nationalsozialistischer Tatkraft, die den nie erlahmenden Rhythmus ihrer dem Führer und dem Volke verantwortlichen Arbeit ausstrahlt bis in den hintersten Talwinkel des Gaues.»[6]

Um die Linienführung der Wilhelm-Greil-Straße vom Landesmuseum Ferdinandeum zum Stadtwerke-Hochhaus zu begradigen, wurde die Baufläche hinter dem Taxis-Palais eingeebnet und das alte Fuggerhaus am Bozner Platz abgerissen.[7] Bereits am 6. Mai 1939 konnte die Firstfeier für den *«größten Gauhausbau der Ostmark»*[8] abgehalten werden, berichtete die Parteizeitung:

«Im Sinne der Idee unseres Führers gelte es weiterzuarbeiten, das Arbeitstempo noch mehr zu steigern und mitzuhelfen, Werte zu schaffen, die es dem Führer ermöglichen, der ganzen Welt zu trotzen. Dem ersten Baumeister des Reiches, Adolf Hitler, galt das Sieg-Heil!, in das die Arbeitskameraden begeistert ausbrachen.»[9]

Um wenigstens einen kleinen Aufmarschplatz vor dem Gauhaus anlegen zu können, wurde die Fuggergasse verbreitert. Da dieser Zustand als Provisorium galt, blieb das Areal von der Fuggergasse und der Welsergasse gequert. Während der Bombenangriffe auf Innsbruck ab Dezember 1943 wurde der Großteil der dort befindlichen Häuser beschädigt.

5 BERNHARD NATTER, Herrschaftsbau und Platz für Denkmäler, in: Bozen Innsbruck. Zeitgeschichtliche Stadtrundgänge, hrsg. v. GABRIELE RATH, ANDREA SOMMERAUER und MARTHA VERDORFER, Wien-Bozen 2000, 80-84, hier 81.
6 IN v. 12.09.1938, 5.
7 IN v. 28.01.1939, 9; REGINE EGG, Innsbruck – Landhausplatz, Diplomarbeit an der Fakultät für Bauingenieurwesen und Architektur, Innsbruck 1999, 65f.
8 IN v. 28.01.1939, 9.
9 IN v. 8.05.1939, 3. Siehe auch den Propagandabericht in IN v. 17.05.1939, 4.

Erster Spatenstich für das Gauhaus durch Gauleiter Franz Hofer.
Innsbrucker Nachrichten vom 12. 9. 1938, S. 5

Baubeginn des Gauhauses mit Blick auf die Rückseite des Taxis-Palais.
Stadtarchiv Innsbruck, Sign.: Ph-21744

Repro eines Original-Aquarells von Hans Zötsch 1939. Der Landhausplatz ist noch völlig verbaut durch die Welsergasse. Im Hintergrund ist das eingerüstete Gebäude sichtbar, vorne ein Stück der Wilhelm-Greil-Straße mit einem Auto und einem Radfahrer. Stadtarchiv Innsbruck, Sign.: Ph-8298

Eine wirklich monumentale Wirkung konnte das Gauhaus erst nach 1945 in seiner demokratischen Funktion als Neues Landhaus im Zuge der Errichtung des Befreiungsdenkmals entfalten, als zwischen beiden Objekten ein weitläufiger Platz entstand. Die Behörden trugen den teilzerstörten Ansitz Haidenburg[10], auf dem das Befreiungsdenkmal nun steht, ebenso ab wie die Gärten und Stadtvillen der Fugger- und Welsergasse.

An der Ostfront des Neuen Landhauses ist der Tiroler Adler neben dem Wappen des Landes Vorarlberg zu sehen. Dass die Montforter Fahne auf einem Gebäude aufscheint, in dem heute die Tiroler Landesregierung ihren Sitz hat, ist ein Überbleibsel aus der Zeit des Nationalsozialismus, als

---

10 Siehe dazu EGGER, Landhausplatz, 112-116.

Das Gauhaus unmittelbar nach der Fertigstellung 1939. Stadtarchiv Innsbruck, Sign.:
Ph-25406

Ostfront des Landhauses mit dem Tiroler Adler
und dem Vorarlberger Wappen 2004. Privatfoto
Friedrich Stepanek

Vorarlberg mit Tirol zum Gau Tirol-Vorarlberg zwangsvereinigt worden war.
Im leeren Feld zwischen dem Tiroler Adler und dem Vorarlberger Wappen
befand sich der deutsche Reichsadler mit Hakenkreuz. Er wurde unmittelbar mit Kriegsende 1945 entfernt. Die Geschichte des Neuen Landhauses als
ehemaliges Gauhaus erschließt sich den ArbeitnehmerInnen, BesucherInnen
und PassantInnen nicht, da keine Tafel mit Erläuterungstext an die Ursprün-
ge erinnert.

**«EIN DENKMAL, IN FORM EINES SIEGESTORES, ZU EHREN DER FÜR DIE
FREIHEIT TIROLS GEFALLENEN»** [11]

Im Juli 1945 lösten die französischen Truppen die Streitkräfte der USA als
Besatzungsmacht in Tirol ab. Der Chef der französischen Militärregierung,
Generaladministrator Pierre Voizard, regte den Bau eines Denkmals an, das
an den Widerstand Einheimischer und an die gefallenen alliierten Soldaten
erinnern sollte. Die Stadt Innsbruck beabsichtigte die teils bombenzerstörten
Häuser vor dem Neuen Landhaus zu räumen und einen freien Platz anzule-
gen, der den Verkehr erleichtern und das Parken von Autos möglich machen
sollte. Voizards Vorschlag bezog sich daher darauf, den ohnehin geplanten
Platz für das Denkmal zu nutzen. Er wollte die BefreierInnen Österreichs
ehren, auf eine Namensnennung aber verzichten. Für General Marie-Émile
Antoine Béthouart, Oberkommandierender und Militärkommissar für Tirol
und Vorarlberg, stellte das Neue Landhaus als ehemaliges Gauhaus «*irgend-
wo ein Symbol der nationalsozialistischen Gewaltherrschaft*» dar. Mit der
Errichtung des Denkmals (Monument du Landhaus) hoffte die französische

---

11 Der umfassende Akt zum Befreiungsdenkmal, der in der Registratur am Haydnplatz lagerte, wurde laut Auskunft von Herrn
Zorn vor einigen Jahren vom Planungsamt der Tiroler Landesregierung ausgehoben und nicht mehr rückgestellt. Eine entsprechende Nachforschung über den Landesamtsdirektor blieb erfolglos.

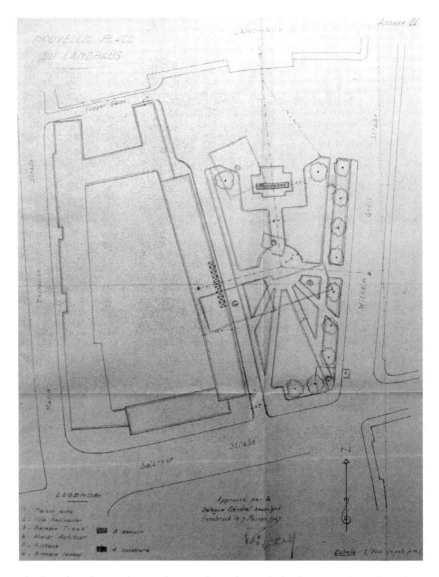

Planskizze der Anlage vor dem Landhaus mit dem Befreiungsdenkmal, 7.2.1947. Centre des Archives diplomatiques de La Courneuve, Paris, 1AUT 3106 (dossier 7a/3).

Militärregierung das Landhaus von der Erinnerung an seine «*ehemaligen Erbauer und Bewohner*» zu befreien.[12]

Im Februar 1946 stellte die Landesbaudirektion einen Antrag an die Landesregierung, um die notwendigen Schritte zur Durchführung der Pläne der

---

12   MARIE-EMILE BÉTHOUART, Die Schlacht um Österreich, Wien 1967, 60f.; vgl. dazu Bulletin d'Information et de Documentation, Nr. 2-3, Februar-Mai 1948, abgedruckt in: IVO GREITER, 10 Jahre Französisches Honorarkonsulat in Innsbruck. Freiheit, Gleichheit und Brüderlichkeit als tägliche Herausforderung, Bozen 2004, 134f.

Modell des neuen Landhausplatzes 1947. Centre des Archives diplomatiques de La Courneuve, Paris,
1ICON 3331

französischen Militärregierung in die Wege zu leiten. Diese beabsichtigte, «*ein Denkmal, in Form eines Siegestores, zu Ehren der für die Freiheit Tirols Gefallenen zu errichten und gleichzeitig den Platz gärtnerisch und architektonisch auszugestalten*».[13] Der Verbauungsvorschlag von Major Jean Pascaud, dem Architekten der französischen Militärregierung, sah das Denkmal in der Mitte einer Parkanlage vor, die den ganzen Platz bis zur Salurner Straße einnahm. Der Entwurf wurde mit kleineren Abänderungen angenommen, die das Landesbauamt nach Einholung eines Bebauungsvorschlages des Innsbrucker Stadtbauamtes einarbeitete. Eine Ausfahrt auf die Maria-Theresien-Straße wurde fallengelassen, da der Bedarf als gering und die Gefahr einer Beeinträchtigung des Verkehrs als groß angenommen wurde. Die Öffnung zum Taxis-Palais war nur mehr als Durchgang vorgesehen. Dafür wurde «*dem Bedürfnis nach einem außerhalb des Verkehrs liegenden, öffentlichen Platz Rechnung getragen und der Raum zwischen dem neuen Landhaus und der Salurnerstraße in einen Straßenplatz und eine Parkanlage unterteilt. ... Mitbestimmend für diese Lösung war, das schöne alte Taxis Palais gegen den weniger geglückten Bau des neuen Landhauses abzuschließen.*» Land und Stadt beschlossen weniger Bäume zu pflanzen als ursprünglich vorgesehen. Baumreihen sollten nur mehr am Rande des Platzes gegen die Wilhelm-Greil-Straße und Salurner Straße gezogen werden. Die Gartenfelder zwischen den Wegen erhielten Rasen, Blumenbeete und niedere Strauchpflanzungen.[14]

Gauleiter Franz Hofer hatte nur die nördlich der Welsergasse liegenden Bauten und Gründe aufgekauft. Da er alle weiterführenden Baupläne auf die

---

13 Antrag der Landesbaudirektion o.D. (22.02.1946). Tiroler Landesarchiv (TLA), Amt der Tiroler Landesregierung (ATLR), Abt. VId, Zl. 523/714 ex 1950.
14 Ebd., Landesbaudirektor an Major Labarrière, 22.01.1947.

17

Zeit nach dem erhofften Sieg verschoben hatte, war das Areal «*in einem völlig ungeordneten Zustand belassen*» [15] worden. Um dem Wunsch der französischen Militärregierung nach Errichtung des Denkmals nachkommen zu können, reichte es nicht aus, die bereits erstandenen Häuser abzutragen. Auch die südlich der Welsergasse bis zur Salurner Straße gelegenen Gebäude mussten abgerissen werden, zuvor galt es, sie erst einmal zu erwerben.[16] Die Landesregierung erklärte sich zum Ankauf der Grundstücke bereit. Bei der Übernahme der Kosten für das Befreiungsdenkmal sollte ein Einvernehmen mit Stadt und Bund erzielt werden.[17]

In ihrer Sitzung vom 12. Dezember 1946 hielt die Landesregierung fest, dass die französische Seite die Kosten für das Denkmal übernahm, alle anderen finanziellen Aufwendungen das Land Tirol: Grund- und Gebäudeerwerbung, Abtragung von Häusern, Herrichtung der Wege, Anpflanzungen, Entwässerungen etc.[18] Entsprechende Vorgespräche waren bereits im November 1945 auf Initiative der Militärregierung geführt worden, auch ein Beschluss für Abbrucharbeiten stand bereits fest.[19] Ende September 1946 wurde die französische Militärregierung in eine Kontrollmission umgewandelt, die viele Kompetenzen an das Land Tirol abtrat.

CHRISTLICHE SYMBOLIK UND TIROL-PATRIOTISCHE ZEICHENSETZUNG

Architekt Pascaud legte sein Gesamtkonzept einer Kommission vor, in der die Tiroler Seite gegenüber der französischen die Mehrheit hatte. Die Planung, Trassierung und Errichtung des Landhausplatzes erfolgte in enger Kooperation zwischen dem Landesbauamt, dem Stadtbauamt und der technischen Abteilung der französischen Kontrollmission.[20] Der Innsbrucker Bürgermeister war für die Freimachung der Wohnungen in den zum Abbruch bestimmten Häusern zuständig.[21]

Nach der Ausschreibung eines Wettbewerbs erhielt Schlossermeister Anton Fritz[22], späterer ÖVP-Stadtrat in Innsbruck, den Zuschlag für die Gestaltung der Gitter, die als Füllung zwischen den Pfeilern des Denkmals

15 Ebd., Antrag der Landesbaudirektion o.D. (22.02.1946).

16 Ebd.

17 Niederschrift der Landesregierungs-Sitzung vom 17.04.1946. TLA, ATLR, Abt. VId, Zl. 523/714 ex 1950.

18 Ebd., Niederschrift der Landesregierungs-Sitzung vom 12.12.1946.

19 Ebd., Protokoll der Sitzung der Jury für den Wettbewerb zur Gestaltung der Eisengitter des Befreiungsdenkmals in Innsbruck, 26.02.1946.

20 Bulletin d'Information et de Documentation, Nr. 2-3, Februar-Mai 1948, abgedruckt in: GREITER, 10 Jahre Französisches Honorarkonsulat (wie Anm. 12), 135.

21 Bürgermeister Melzer an Landeshauptmann Weißgatterer, 14.03.1946. TLA, ATLR, Abt. VId, Zl. 523/714 ex 1950.

22 Anton Fritz wurde 1934 Vorstandsmitglied der Tiroler Schlosserinnung, 1938-1945 Innungsmeister-Stellvertreter und ab 1955 Landesinnungsmeister der Schlosser. Seit 1958 war er im Innsbrucker Gemeinderat tätig. Vgl. Tiroler Nachrichten (TN) v. 24.05.1958, 8.

gedacht waren.[23] In seinem Entwurf «Adagio» waren die Wappen der neun Bundesländer in Kreuzform auf den Gittern angeordnet. Damit hatte sich die Jury für einen Beitrag entschieden, der Befreiung und Widerstand unter ein religiöses Vorzeichen stellte. Widerstand und Leiden im Nationalsozialismus wurden so einseitig für die katholische Kirche vereinnahmt. Die Jury bestand aus drei Mitgliedern der französischen Militärregierung und acht Vertretern Tirols, darunter Landeshauptmann Alfons Weißgatterer, Innsbrucks Bürgermeister Anton Melzer und Landeskonservator Graf Oswald Trapp. Dass Anton Fritz auch die Verzierungen aus Schmiedeeisen an den Balkonen und Türen des Landhauses erneuerte, lag nahe, schließlich waren immer noch Hakenkreuzornamente zu sehen. Major Pascaud, der für das Denkmal die künstlerische Verantwortung als Architekt trug, räumte dem Land Tirol und der Stadt Innsbruck nicht nur bei der Ausgestaltung der Gitter des Befreiungsdenkmals große Mitspracherechte ein. Er sorgte für einen weiteren Wettbewerb unter Tiroler Künstlern, die eine Skulptur des Tiroler Adlers für das Denkmal entwerfen sollten. Die französische Militärregierung stellte die notwendigen Rohstoffe aus den beschlagnahmten Vorräten des Montanwerkes Brixlegg zur Verfügung.[24] Das Kupfer wurde in die französisch besetzte Zone Deutschlands, nach Rickenbach, transportiert, wo die Werkstatt der Luftwaffe das Beizen und Auswalzen in einer Firma in Villingen besorgte.[25]

ARBEITSUNWILLIGE NATIONALSOZIALISTEN

Der Administrator und Direktor der Straßenarbeiten und Transporte der Sektion Transporte und Verkehrswege der französischen Militärregierung, Labarrière, betreute das Projekt gemeinsam mit dem Architekten Pascaud. Nach dessen Abberufung nach Frankreich trug Labarrière in Zusammenarbeit mit den Tiroler Behörden die Hauptverantwortung für den Fortgang der Arbeiten. Doch bereits die Vorarbeiten dauerten der Militärregierung viel zu lange.[26] Voizard gab daher Anfang April 1946 die Order aus, die Arbeiten am Landhausplatz sofort in Angriff zu nehmen. Gegenüber dem Innsbrucker Bürgermeister stellte er fest:

«Treffen Sie die Maßnahmen in Einvernehmen mit Major Pascaud, der für diese Arbeiten beauftragt ist. ... Unverzügliche Abtragung des gelben am Platz stehenden Hauses. Vorbereitung des Bodens für die Grundsteinlegung des Denk-

---

23 Protokoll der Sitzung der Jury, die zusammengerufen wurde, für den Wettbewerb zu den Eisengittern für das Befreiungsdenkmal in Innsbruck, 26.02.1946. TLA, ATLR, Abt. VId, Zl. 523/714 ex 1950.

24 Ebd.

25 Haut Commissariat de la République française en Autriche. Mission de Contrôle, Colonel Moillard an Labarrière, 22.12.1947 und Affaires Militaires et Désarmement, Sous-Section Matériel, Colonel Goussot an Colonel Chef de la Section Affaires Militaires et Désarmement, 6.12.1947. Centre des Archives diplomatiques de La Courneuve. Ministère des Affaires étrangères et du Développement international Paris, 1AUT 3106 (dossier 7a/3: Monument du Landhaus).

26 Ebd., Chef der französischen Militärregierung Pierre Voizard an Landeshauptmann Weißgatterer, 13.02.1946.

Landhausplatz und Befreiungsdenkmal kurz vor der Fertigstellung 1948. Stadtarchiv Innsbruck, Sign.: KR/NE-1309

males. Ebnen des Platzes, Herrichten der Wege, Errichtung der Anlagen, An-pflanzungen. Freimachung der Grundstücke zwischen der Welsergasse und der Salurnerstraße, gemäss dem allgemeinen Plan.» [27]

Die Abbruch-, Erd-, Beton-, Maurer- und Zimmermannarbeiten führte die Baugesellschaft Mayreder, Kraus & Co. durch. Die französische Kontroll-mission sagte zu, 80 Kriegsgefangene zur Verfügung zu stellen. Damit waren belastete NSDAP-Mitglieder gemeint. Im Gegenzug sollte der Landhausplatz mitsamt den geplanten Wegen bis 15. September 1946 fertig gestellt sein. [28] Zum Ärger der Militärregierung verzögerten sich die Abbrucharbeiten wegen langwieriger Ablöseverhandlungen, auch der Bau selbst ging nur schleppend voran. [29] Der Abbruch der Häuser begann schließlich erst am 10. März 1947. Die damit verbundenen Arbeiten dauerten bis 30. September. [30] Die Errichtung des Denkmals war bereits am 12. Juni 1946 in Angriff genommen worden, der Rohbau stand bis 1. November. [31] Die Firma Mayreder, Kraus & Co. wusste zu berichten: *«Zu Beginn des Baues litten wir unter fühlbarer Arbeitsunlust der Kriegsgefangenen, sowie unter ihrem Bestreben, bei erst bester Gelegenheit die Flucht zu ergreifen. Um diese beiden Umstände zu beheben, waren wir gezwun-*

27 Ebd., Voizard an den Bürgermeister von Innsbruck, 04.04.1946.
28 Ebd., Labarrière an Landesbauamt, 03.06.1946.
29 Ebd., Labarrière an Landesbauamt, 29.07.1946.
30 Bulletin d'Information et de Documentation, Nr. 2-3, Februar-Mai 1948, abgedruckt in: GREITER, 10 Jahre Französisches Honorarkonsulat, 136f.
31 Mayreder, Kraus & Co an TLR, Abt. Hochbau, 06.03.1947. TLA, ATLR, Abt. VId, Zl. 523/714 ex 1950.

gen, durch zusätzliche Lebensmittelausgaben die Zufriedenheit der Kriegsgefangenen zu erkaufen.» [32]

Immer wieder drängte die französische Seite auf ein schnelleres Vorwärtsschreiten der Bauarbeiten. Im Laufe des Jahres 1947 und Anfang 1948 wurde sie immer ungehaltener.[33] Labarrière sprach sogar den Verdacht der Sabotage durch die Firma Mayreder, Kraus & Co. aus: «*In allgemeiner Form zusammengefasst glaube ich, daß jedermann seinem Vergnügen nachgeht und in Urlaub reist (Ing. Kichler besonders) ohne irgendwann das unausweichlich festgesetzte Ziel, das ist die Arbeiten vor dem Winter zu beenden, erreichen zu wollen.*»[34] Er warf dem Landesbauamt vor, auf die genannte Firma und die mit den Steinmetzarbeiten betrauten Werke Josef Linser & Söhne nicht energisch genug einzuwirken.[35] Das Landesbauamt wies die Vorwürfe umgehend zurück und hob den Arbeitskräftemangel hervor. Besonders die von der französischen Kontrollmission zugesagten, aber nicht eingelangten 50 Kriegsgefangenen machten sich negativ bemerkbar. Die Firma Mayreder, Kraus & Co. verfügte im August 1947 nur mehr über sechs Gefangene.

MÄNGEL, FEHLER UND PANNEN

Die Firma Linser & Söhne teilte zu den Versetzarbeiten mit, «*dass nach Rückfrage bei den entsprechenden Arbeitskräften Überstunden auf Grund der unzulänglichen Ernährungsweise nicht geleistet werden können*».[36] Amtsintern wurde vermerkt: «*Dem Landesbauamte gemachten Vorwurf, der nicht genügenden Einschaltung, ist entgegenzuhalten, dass der Bau ohne die Mithilfe desselben gar nicht möglich gewesen wäre, weil seitens der franz. Dienststelle, ausser der verspäteten Beistellung der Eisenschiene für das Gitter und dem (sic!) Marmor, bisher keine Baustoffe zur Verfügung gestellt wurden, obwohl diese dazu verpflichtet gewesen wäre.*»[37]

Die Probleme waren vielfältig, nicht nur wegen des Mangels an Treibstoff und Motorenöl. Die Marmorwerke in Chiampo hatten die 260 Tonnen Marmor für die Verkleidung des Denkmals zwar geliefert, ihnen waren aber einige Fehler unterlaufen. Die Nachbearbeitungen führten zu weiteren Verzögerungen.[38] Jedenfalls bestritt die Firma Mayreder, Kraus & Co. energisch, «*für die vielen Hemmnisse*» verantwortlich zu sein: «*Ob das Denkmal vor Eintritt des Winters fertig gestellt werden kann, wird daher hauptsächlich davon abhängen,*

32   Ebd., Mayreder, Kraus & Co an TLR, Abt. Hochbau, 13.03.1947.
33   Ebd., Gruppenleiter Bauer, Landesbauamt Abt. VI, an den Leiter der Abt. Hochbau, Landesbauamt, Menardi, 09.07.1947 und Labarrière an Landesbauamtsdirektor, 19.02.1948.
34   Ebd., Bericht des Landesbauamtes an Mayreder, Kraus & Co., 13.08.1947.
35   Ebd., Labarrière an Landesbauamt, 11.08.1947.
36   Ebd., Mayreder, Kraus & Co an Menardi, 22.08.47 und Linser & Söhne an Landesbauamt, 02.09.1947.
37   Ebd., Amtsvermerk Landesbauamt, Menardi, an Bauer im Haus, 19.08.1947.
38   Ebd., Landesbaudirektor an Labarrière, 06.10.1947; BÉTHOUART, Schlacht, 60f.; Tiroler Tageszeitung (TT) v. 03.01.1948, 3

Der Tiroler Adler, entworfen von Emmerich Kerle und ausgeführt von Anton Fritz, auf dem Weg zum Befreiungsdenkmal. Tiroler Landesmuseum Ferdinandeum: Fotoalbum für die Anfertigung des Bronzeadlers und der Bronzegitter für das Franzosendenkmal am Landhausplatz in Innsbruck durch die Kunstschmiede T. Fritz und deren Montage 1948, o. O. (Innsbruck), o. S.

ob das Bauamt die hiezu nötigen Voraussetzungen rechtzeitig treffen kann und ob der Dringlichkeit des Bauvorhabens entsprechend die für die Durchführung der Roharbeiten nötigen Arbeitskräfte zur Verfügung gestellt werden.» [39]

Das Landesbauamt lastete dem Unternehmen zwar keine generelle Verantwortung für die Bauverzögerungen an, gab aber klar zu erkennen, dass Versäumnisse vorlagen:

«… es ist nur die einfache und unbestreitbare Tatsache festgehalten, daß der Fortschritt der Ihnen übertragenen Arbeiten unbefriedigend ist. Eine Feststellung, zu der es gar keinen Fachmann braucht, weil es auch schon in Laienkreisen zum Gespräch wurde, dass die Baustelle seit Wochen dasselbe Bild zeigt. … Die Platzgestaltung konnte bisher nicht begonnen werden, nicht weil das Bauamt die Räumung der Gebäude erst in letzter Zeit zur Gänze erreichen konnte, sondern deshalb nicht, weil Sie die Abbruchmassen der Haselwantervilla noch immer nicht weggebracht haben. … Nur wenn Sie dieser Forderung entsprechen, kann der üble Eindruck, der durch die Unterlassung dieser Arbeiten entstanden ist, verwischt werden. … Den im Brief v. 13.8. mitgeteilten Auszug hat das Landesbauamt geglaubt, Ihnen deshalb zur Kenntnis bringen zu müssen, damit Sie über die auf französischer Seite entstandene Mißstimmung unterrichtet werden und Ihre Maßnahmen hienach treffen können.» [40]

---

39 Ebd., Mayreder, Kraus & Co an Landesbauamt, 22.08.1947.
40 Ebd., Entwurf des Schreibens des Landesbauamtes an Mayreder, Kraus & Co, 29.08.1947.

Inschrift am Befreiungsdenkmal auf Latein

Mit dem Einbruch des Winters standen alle Arbeiten eine Zeitlang still, im Frühjahr 1948 ging der Bau dann doch zügig voran. Am 27. März wurden die Gitter eingezogen, am 31. März waren die Planierungsarbeiten des Platzes abgeschlossen, vom 14. bis 28. April wurde der Platz begrünt und der Adler aufgestellt. Josef Linser & Söhne beendeten die Arbeiten an der Marmorverkleidung und brachten die Kupferabdeckung an.[41]

DIE INSCHRIFT: LATEIN STATT DEUTSCH

Die künstlerische Ausgestaltung des Denkmals besorgten in erster Linie die Vertreter Tirols, allen voran Landeskonservator Trapp. Seine Einwände waren ausschlaggebend dafür, dass vor dem Denkmal nicht wie beabsichtigt heraldische Figuren aufgestellt wurden, obwohl ein Preisgericht bereits zwei Modelle ausgewählt hatte. Das Landesbauamt schloss sich einem weiteren Vorschlag des Grafen an: den Adler in Kupferblech statt in Bronze zu gießen. Der Innsbrucker Bildhauer Emmerich Kerle musste daher einen neuen Entwurf nach den Angaben Trapps ausarbeiten.[42] Er erstellte ein zwei Meter hohes Gips-

---

41 REICHART, Emmerich Kerle, 8.
42 Bericht über die Zusammenkunft am 31.08.1946 (Wettbewerb für die Figuren beim Denkmal vor dem Landhaus), Labarrière an Menardi Landesbauamt, 11.03.1847, Direktor des Landesbauamtes an Labarrière, 23.03.1947, Labarrière an Menardi, Landesbauamt, 23.05.1947, Landesbauamt, Bauer, an Labarrière, 16.09.1947, weggeschickt am 18.09.1947 und Schlußbrief, Abt VId an Fritz, 23.09.1947. TLA, ATLR, Abt. VId, Zl. 523/714 ex 1950.

Nahaufnahme der schmiedeeisernen Gitter mit den Wappen der österreichischen Bundesländer, die in Form eines Kreuzes angeordnet sind. Stadtarchiv Innsbruck, Sign.: Ph 25507

modell, Anton Fritz führte die Arbeiten am 3,40 m hohen Original durch und trieb den Adler in Kupfer.[43] Weitaus größere Auswirkungen hatte der Einfluss von Trapp in der Frage der Gestaltung der Inschrift am Denkmal. Die französische Kontrollmission, der Landeshauptmann, der Innsbrucker Bürgermeister und die betroffenen Bauämter hatten sich einverstanden erklärt, folgenden Text anbringen zu lassen: *«Zum Gedenken an alle die für Österreichs Freiheit*

43   HELGA REICHART, Der Tiroler Bildhauer Emmerich Kerle, Innsbruck-Wien 1996, 8.

Fronleichnamsprozession beim Befreiungsdenkmal mit Landeshauptmann Eduard Wallnöfer 1977.
(Tiroler Bauernkalender)

gefallen sind». Die Schrift sollte, so wie bei den altrömischen Denkmälern, aus dem Stein herausgemeißelt und die Vertiefung mit Blei gefüllt werden.[44] Der Landeskonservator sprach sich nicht nur gegen eine Inschrift in Kleinbuchstaben aus, er lehnte eine deutschsprachige Textierung strikt ab. Sie erschien

44 Labarrière an Landesbauamtsdirektor, 19.06.1947, Aktenvermerk über die Besprechung (Landesbauamt, de Pauli, Labarrière und Baumeister Bermoser), 24.06.1947, Landesbaudirektion an Labarrière, 12.07.1947, Bürgermeister Melzer an Landesbauamt, 26.07.1947, Le Directeur du Landesbauamt à Monsieur l´administrateur chargé du Contrôle des Travaux et Transports Routiers, Mission de Contrôle de la Z.O.F.A., 15.07.1947. TLA, ATLR, Abt. VId, Zl. 523/714 ex 1950.

ihm zu langatmig. Deshalb schlug er, nicht zuletzt auch aus grammatikalischen Gründen, eine Inschrift auf Latein vor: «*PRO AUSTRIA LIBERA MORTUIS*» (Den für ein freies Österreich Gestorbenen).[45] Sein Vorschlag wurde schließlich akzeptiert, der lateinische Text nur mehr unwesentlich abgeändert auf: «*PRO LIBERTATE AUSTRIAE MORTUIS*» (Den für die Freiheit Österreichs Gestorbenen).

Die Inschrift auf Latein erschwerte den inhaltlichen Zugang zum Befreiungsdenkmal erheblich. Nur ein geringer Prozentsatz der Bevölkerung wusste das Denkmal, besonders in späterer Zeit, richtig zu deuten. Die Interventionen der Tiroler Seite trugen dazu bei, dass der eigentliche Zweck des Denkmals, an die Befreiung vom Nationalsozialismus und an den Widerstand zu erinnern, ein gutes Stück unkenntlich gemacht wurde.

«EIN TIROLER MONUMENT ÖSTERREICHISCHER NACHKRIEGSGESCHICHTE»[46]

Die französische Kontrollmission zeigte großes Entgegenkommen und rückte den eigenen Beitrag zur Befreiung vom Nationalsozialismus nicht in den Vordergrund. Sie wollte eine größtmögliche Akzeptanz für das Denkmal herstellen und verzichtete von Anfang an auf einen Text in Französisch. Die Österreichpolitik Frankreichs diente den Bemühungen, sich als europäische Großmacht zu behaupten. Die Loslösung Österreichs schwächte Deutschland. Insofern profitierte Frankreich nach eigener Einschätzung von der Wiederherstellung der Souveränität Österreichs. In dieser Betrachtungsweise war es logisch, der Tiroler Bevölkerung einen Platz im Befreiungsnarrativ einzuräumen und dem Befreiungsdenkmal einen österreichfreundlichen Charakter zu verleihen. Die Botschaft des Befreiungsdenkmals in Innsbruck stützte Österreichs Anspruch auf die Unabhängigkeit, der sich gemäß der Moskauer Deklaration der Alliierten von 1943 von seinem Beitrag im Kampf gegen den Nationalsozialismus herleitete. Als Initiator des Denkmals trat Frankreich indirekt als Österreichs Fürsprecher gegenüber den anderen Alliierten auf. In diesem Sinne signalisierte das Befreiungsdenkmal den Einflussbereich Frankreichs in Europa.[47]

Die französische Seite empfand sich als besonnener Motor der Denkmalerrichtung («inspirateurs discrets» und «catalyseurs»). In ihren «Bulletins d'Information» unterstrich die französische Kontrollmission 1948, dass sie mit dem Denkmalbau die Präsenz Frankreichs in Tirol nach dem Krieg bezeugen

---

45 Ebd., Le Directeur du Landesbauamt à Monsieur l´Administrateur chargé du Contrôle des Travaux et Transports Routiers, Mission de Contrôle de la Z.O.F.A., 15.07.1947.

46 Entnommen dem Aufsatztitel von FRANZ-HEINZ HYE, Das Befreiungsdenkmal in Innsbruck (1948) – ein Tiroler Monument österreichischer Nachkriegsgeschichte, in: 8. Internationaler IVV-Fit-Wandertag Innsbruck, hrsg. v. Heeressportverein Innsbruck, 01.09.1985.

47 KATHARINA WEGAN, Monument – Macht – Mythos. Frankreich und Österreich im Vergleich nach 1945, Innsbruck 2005, 153f.

wollte, ohne Frankreich und seine Armee zu glorifizieren. Es sollten jene geehrt werden, die gestorben waren, damit das unabhängige Österreich lebe. Dies schloss die französischen Soldaten und österreichischen WiderstandskämpferInnen gleichermaßen ein. Mit Absicht sei das offizielle Tirol beim Bau des Denkmals von Anfang an eingebunden worden, das Gesamtbild des Denkmals habe daher folgerichtig eine stark österreichische Prägung erhalten.[48] Diese Meinung teilte das offizielle Tirol bis in die Gegenwart. Für den ehemaligen Innsbrucker Stadtarchivar Franz-Heinz Hye drückte das Befreiungsdenkmal *«durch seinen heraldisch-religiösen Inhalt einen monumentalen Appell»* aus, *«Österreich vom Burgenland bis Vorarlberg als ungeteilten und souveränen Staat im Herzen Mitteleuropas wieder herzustellen».*[49] Dass nur österreichische und Tiroler Embleme aufscheinen und die Inschrift offen gehalten und nicht auf Französisch verfasst ist, empfand Hye als *«zurückhaltende Vornehmheit der französischen Kulturnation».*[50]

Der zeitgenössische Kommentar zum Denkmal war weniger euphorisch. Die Einschätzung Béthouarts, dass die Mehrheit der Bevölkerung das Erinnerungszeichen und seine Urheberin mit Sympathie betrachten würde,[51] war etwas voreilig. Im April 1948 war nach Ansicht eines Vertreters der französischen Kontrollmission, der sich auf die Aussagen «verschiedener Tiroler» stützte, das anfängliche Misstrauen in der Bevölkerung gewichen, da die Inschrift des Denkmals den TirolerInnen nun vor Augen führte, dass es jene Menschen ehrte, die für die Befreiung Österreichs vom Nationalsozialismus ums Leben gekommen waren. Somit sei den Befürchtungen entgegengetreten, dass das Denkmal einen Triumphbogen für die französische Armee darstellen würde. Gegen diese Mär hatte der Innsbrucker Bürgermeister Anton Melzer «eine diskrete Kampagne» geführt, nach dessen Meinung sich die TirolerInnen nun bewusst würden, dass es sich bei diesem Bau «eher um ein Denkmal der Erinnerung»[52] handelt. In einem geheimen Schreiben von Ende Mai 1948, also kurz nach der Fertigstellung des Befreiungsdenkmals, informierte die Kontrollmission interne Stellen, dass das Verständnis in der Tiroler Bevölkerung zu wünschen übrig ließe und die Kritik an der Initiative Frankreichs zur Errichtung des Baus nicht abrisse. Zwei abschätzige Haltungen hielt die französische Seite für besonders bemerkenswert:

Zum einen, dass die Inschrift am Denkmal eine Lüge wäre und noch dazu, so die Kritik von links, unvollständig sei, da die Jahre 1934–1945 nicht erwähnt

---

48   Bulletin d'Information et de Documentation, Nr. 2-3, Februar-Mai 1948, abgedruckt in: GREITER, 10 Jahre Französisches Honorarkonsulat, 133f.

49   FRANZ-HEINZ HYE, Das Befreiungsdenkmal in Innsbruck (1948) – ein Tiroler Monument österreichischer Nachkriegsgeschichte, in GREITER, 10 Jahre Französisches Honorarkonsulat, 119.

50   Ebd.

51   Bulletin d'Information et de Documentation, Nr. 2-3, Februar-Mai 1948, abgedruckt in: GREITER, 10 Jahre Französisches Honorarkonsulat, 132f.

52   Haut Commissariat de la République Française en Autriche. Mission de Contrôle, D/TY. 6544. Note pour M. le Délégué Général, 05.04.1948 (ohne Unterschrift). Centre des Archives diplomatiques de La Courneuve. Ministère des Affaires étrangères et du Développement international Paris, 1AUT 3106 (dossier 7a/3: Monument du Landhaus).

würden. Schließlich waren schon 1934 Österreicher im Kampf gegen den Faschismus getötet worden – gemeint waren die Februarkämpfe, in deren Gefolge
die Regierung Dollfuß mit Unterstützung von Militär und Exekutive die Arbeiterbewegung liquidiert und die Diktatur in Österreich eingeführt hatte.

Zum anderen erwähnte die Kontrollmission die harsche Kritik an der französischen Besatzung und den marokkanischen Truppen, die als Teil der französischen Armee gegen Nazideutschland gekämpft hatten: «Warum übrigens haben
die Franzosen dieses Denkmal hier aufgestellt? Es waren nicht die Araber, die
Tirol befreit haben, sondern die Amerikaner. Dieses Denkmal wird eine Schande
für die Tiroler bleiben; es wird immer an die französische Besatzung erinnern.»[53]

Das Befreiungsdenkmal war in der Tiroler Öffentlichkeit wenig akzeptiert.
Der Volksmund wertete es als «Franzosendenkmal» ab. Vier Monate vor der Fertigstellung warb die «Tiroler Tageszeitung» um Verständnis:

«Es ist nicht, wie eine weitverbreitete Irrmeinung zu wissen glaubt, ein fran-
zösisches ‹Siegesdenkmal›, das dort entsteht, sondern ein Denkmal, das allen für ein
freies Oesterreich Gestorbenen gewidmet ist. Damit entsteht in Innsbruck das erste
Denkmal in Oesterreich für alle Opfer des Befreiungskampfes, das zudem noch eine
ausgeprägt österreichische Note trägt. ...

Der weitverbreitete Irrtum über den Widmungszweck des markanten Denk-
malbaues mag dadurch entstanden sein, daß der Plan hiezu französischer Initiative
entsprang und auch die gesamten Kosten des Baues von den französischen Behör-
den getragen werden. Es ist also ein Geschenk für Innsbruck und das Land Tirol,
mit dem die Besatzungsmacht das Andenken an alle jene geehrt wissen will, die ihr
Leben opferten, damit ein freies Oesterreich wiedererstehen konnte.»[54]

«... daß wir als freie Söhne der Bergwelt nur mit der Faust im Sacke und mit innerer Ablehnung den Nazismus ertragen haben»[55]

Warum stand ein erheblicher Teil der Tiroler Bevölkerung dem Befreiungsdenkmal und seinem Sinngehalt skeptisch bis ablehnend gegenüber? Im Mai
1945 waren die meisten Tirolerinnen und Tiroler zwar froh, dass der Krieg
endlich ein Ende hatte. Trotzdem war das Gefühl, den Krieg verloren zu haben, in der Bevölkerung vorhanden. Viele empfanden die US-amerikanischen
und französischen Truppen nicht nur als Befreier vom Joch des Nationalsozialismus. Die Beschlagnahmungen von Wohnungen und die Entnazifizie-
rungsmaßnahmen mit den Massenverhaftungen von Nationalsozialisten, aber
auch die Anziehungskraft der ausländischen Soldaten auf einheimische Frauen

---

53 Ebd., Haut Commissariat de la République Française en Autriche. Mission de Contrôle. Note de renseignemets pour le Chef Section Sécurité u.a., 25.05.1948.
54 TT v. 03.01.1948, 3.
55 Bezirksschulinspektor Anton Kecht 1946, zit. n. HORST SCHREIBER, Schule in Tirol und Vorarlberg 1938-1948, Innsbruck-Wien 1996 (= Innsbrucker Forschungen zur Zeitgeschichte 14), 304.

schufen Ressentiments und verstärkten die Abneigung gegen die Besatzungs-macht; zumindest in den ersten Nachkriegsjahren, bis sich die wirtschaftliche Situation besserte.

Ein eigenes Unrechtsbewusstsein war kaum vorhanden, noch weniger die Einsicht in Mitschuld und Mittäterschaft. Nach dem Zusammenbruch des Nationalsozialismus deutete Tirol die Zeit zwischen 1938 und 1945 um. Die Tirolerinnen und Tiroler verstanden sich nun in ihrer Gesamtheit als Opfer der braunen Diktatur und ihr Land als Hort des Freiheitskampfes. Landes-hauptmann Alfons Weißgatterer, der sich zur Absicherung seiner Existenz angepasst und die Mitgliedschaft in der NSDAP erworben hatte, wurde selbst von vielen Parteikollegen in der ÖVP vorgeworfen, dass er zahlreiche ehemali-ge Nationalsozialisten in das Amt der Tiroler Landesregierung gehievt hatte.[56] 1946 verkündete er im Landtag: «*Wir wissen alle, mit welchen tausendfältigen Mitteln vom raffinierten Betrug bis zu unerhörtesten (sic!) Terror daran gear-beitet worden ist, um dem Lande Tirol das Ansehen eines hitlertreuen Gaues zu verleihen.*»[57] Der Landeshauptmann betonte in einer öffentlichen Festrede im selben Jahr, dass die Tiroler Freiheitskämpfer Teil des «*ununterbroche-nen Widerstandskampfes gegen die nationalsozialistische Gewaltherrschaften in Österreich*» waren. Sein Vorgänger Karl Gruber, der zum österreichischen Außenminister aufgestiegen war, sah in Adolf Hitler den Hauptschuldigen. Er behauptete, dass sich in Tirol nur «*eine kleine Minderheit fand, die jenem Ver-führer Gefolgschaft leistete*». Die TirolerInnen hätten mit dem Nationalsozialis-mus mehrheitlich nichts zu schaffen gehabt, er «*war eben ‹nichtösterreichisch› und damit waren seine Scheußlichkeiten auch schon hinlänglich erklärt.*»[58] Die NS-Herrschaft wurde in Tirol wie in ganz Österreich als etwas Landesfremdes interpretiert, das nicht zur eigenen Geschichte gehörte. Gruber selbst war in den letzten Wochen des Krieges der überaus verdienstvolle Kopf der Tiroler Widerstandsbewegung gewesen, einer kleinen Schar von Männern und Frauen, die isoliert von der Bevölkerung einen wichtigen Beitrag zur Befreiung vom Nationalsozialismus geleistet hatten. Doch zu keiner Zeit war der Widerstand eine ernsthafte Gefahr für die NS-Herrschaft, seine Niederlage war einzig und allein den alliierten Soldaten zu verdanken. Gruber zeichnete ein anderes Bild, um Österreich die moralische Legitimität für die Wiedererlangung der Unab-hängigkeit zu verleihen, frei von jeder Besatzungsmacht und mit Südtirol ver-eint:

«*Das österreichische Volk und mit ihm Tirol darf aber auch mit Stolz zu-rückblicken auf seinen Kampf gegen die preußischen Eindringlinge und deren na-*

56   MARKUS KRISPEL, Landeshauptmann Alfons Weißgatterer (1898-1951): Sein politischer Aufstieg – Eine Skizze, Diplom-arbeit am Institut für Zeitgeschichte der Universität Innsbruck 2007, 76.
57   Ebd.
58   HORST SCHREIBER, Widerstand und Erinnerung in Tirol 1938-1998. Franz Mair – Lehrer, Freigeist, Widerstandskämpfer, Innsbruck-Wien 2000, 135.

Das Befreiungsdenkmal um 1950 mit Blick auf die Serles. Stadtarchiv Innsbruck, Sign.: Ph-22669

Das Befreiungsdenkmal 2005. Das Bergpanorama ist durch Neubauten nicht mehr sichtbar. Stadtar-chiv Innsbruck (Digitalaufnahme)

zistischen Statthalter. Vor kurzem jährten sich die ereignisreichen Tage, in denen die Tiroler Widerstandsbewegung nach gründlichster und sorgfältigster Vorbereitung ihren Schlag gegen die Naziherrschaft führte. Tirol darf die besondere Ehre für sich in Anspruch nehmen, weite Gebiete des Landes von den Nazis völlig gesäubert zu haben, bevor die alliierten Armeen hier einrückten.

Nicht die weiße Fahne der Übergabe war das Zeichen des neuen Österreich in Tirol, sondern die rot-weiß-rote Fahne seines stolzen staatlichen Bewußtseins, begrüßt von den jubelnden Bürgern, die zu ihrer eigenen Befreiung beigetragen haben.

Wenn die Naziführung bereits in den letzten Wochen und Monaten zu wanken begann, so vor allem aus ihrer tödlichen Angst vor den entschlossenen Kämpfern des inneren Widerstandes.

Tirol hat bewiesen, daß es für das große Ziel der politischen Freiheit seines Landes zu jedem Opfer bereit ist, nicht nur die Aktivisten der Innsbrucker Widerstandsbewegung, die die Hauptlast der Kampfhandlungen zu tragen hatten, sondern neben ihnen die geschlossene Kraft der Bauern in den Dörfern, die bereit waren, dem Befehl zum offenen Aufstand Folge zu leisten. Ehrendes Andenken den im Kampfe Gefallenen und den unter dem Beil des Henkers Gestorbenen. Möge der Wille zur Verteidigung der eigenen Freiheit das schönste Erbe dieser Epoche bleiben.»[59]

Die Überbetonung des Widerstandes wehrte die Frage nach der Verstrickung der Tiroler Gesellschaft in die Verbrechen des Nationalsozialismus ab, doch ab 1948 war der Freiheitskampf von Tirolerinnen und Tirolern gegen den Nationalsozialismus nicht mehr so wichtig wie in der unmittelbaren Nachkriegszeit. Mit dem Ausbruch des Kalten Krieges hatte sich die weltpolitische Lage verändert, Antikommunismus hatte Vorrang gegenüber Antifaschismus. Um 1950 setzte sich eine andere Erinnerungskultur durch, die bis ins letzte Tiroler Dorf vordrang: die Erweiterung vorhandener und der Bau neuer Kriegerdenkmäler für die gefallenen Soldaten des Zweiten Weltkriegs. Die Kriegerdenkmäler blendeten den verbrecherischen Charakter des Nationalsozialismus ebenso aus wie die Tatsache, dass die Deutsche Wehrmacht und die SS im Osten und am Balkan einen Vernichtungs- und Ausrottungskrieg geführt hatten. Die Gefallenendenkmäler entwickelten sich als Antithese zum Geschichtsbild der Widerstandsdenkmäler. Die Aufnahme der Gefallenen in die Gedächtniskultur als Pflichterfüller, Vaterlandschützer, Helden oder Opfer des Krieges stellte ein öffentliches Bekenntnis zu den Soldaten der Deutschen Wehrmacht dar. Der offensichtliche Widerspruch dieses Deutungsangebotes, dass die österreichischen Soldaten Verteidiger der Heimat und gleichzeitig in die Deutsche Wehrmacht hineingepresste Opfer gewesen waren, wurde nicht

---

59 TT, 9.5.1946, 2

Der Landhausplatz 1949. Die Parallelen zwischen dem Mittelrisalit des Neuen Landhauses und dem Befreiungsdenkmal sind augenscheinlich. Stadtarchiv Innsbruck, Sign.: Ph-10034

Neues Landhaus und Befreiungsdenkmal 2004. Privatfoto Friedrich Stepanek.

Das Befreiungsdenkmal nach seiner Fertigstellung 1948. Stadtarchiv Innsbruck, Sammlung Kreutz, Sign.: KR/NE-1002

thematisiert. Die Kriegerdenkmäler entsprachen aber auch dem Bedürfnis nach Versöhnung und Überwindung der inneren Gegensätze. Ein Gedenken an den Widerstand und die Opfer des Nationalsozialismus hätte die Konfliktlinien stärker aufbrechen lassen:

«*Das von Kriegerdenkmälern vermittelte Geschichtsbild kann als Beitrag zu einem ‹Schlußstrich› unter die Gegensätze der NS-Vergangenheit gesehen werden. Während Denkmäler des Widerstandes immer auch die lokalen Konflikte zwischen Anhängern und Gegnern des NS-Regimes vergegenwärtigen, eröffnete*

Das faschistische Siegesdenkmal in Bozen. Stadtarchiv Bozen.

die Erinnerungswelt der Kriegerdenkmäler ein Konsensangebot, das in erster Linie davon bestimmt war, kontroversielle Themen der Vergangenheit auszublenden und in einem integrativen, ‹von Harmoniestreben und positiver Sinngebung geprägt(en)› Geschichtsbild aufgehen zu lassen. Die entsprechenden Leitvorstellungen sprachen vom ‹Schutz der Heimat› und von ‹Pflichterfüllung›, dennoch verstehen sich Kriegerdenkmäler, sieht man von wenigen Ausnahmefällen ab, nur selten als explizite Glorifizierung des Kriegseinsatzes. Trotz der Rhetorik der Heldenverehrung werden Soldaten als Opfer gesehen, jedoch nicht als Opfer des

Nationalsozialismus, sondern als Opfer des Krieges, in dem sie – ebenso wie die Soldatengeneration vor ihnen – ihr Leben für die Verteidigung der Heimat hingegeben haben.» [60]

«ES WAR NACH ZWEIJÄHRIGER BAUZEIT FERTIG UND EINFACH DA»

In diesem politisch-gesellschaftlichen Umfeld wurde das Befreiungsdenkmal im Frühjahr 1948 fertiggestellt. Monumental thematisierte es mitten in Innsbruck Nationalsozialismus und Widerstand. Auch wenn Frankreich in der Ausgestaltung des Denkmals die eigene Rolle und die der Alliierten bei der Überwindung der NS-Herrschaft nicht in den Vordergrund gerückt hatte, widersprach das unübersehbare Erinnerungszeichen dennoch inzwischen etablierten Mythen: sowohl dem Narrativ des generellen Opferkollektivs als auch der Selbstbefreiung Österreichs. Ganz im Gegensatz zu den Kriegerdenkmälern, die als neue kollektive Norm des Erinnerns an die NS-Zeit die Wehrmachtssoldaten symbolisch rehabilitierten. Das Befreiungsdenkmal wurde bereits zum Zeitpunkt seiner Fertigstellung als nicht mehr zeitgemäß angesehen und als Fremdkörper wahrgenommen. Der Widerstand war längst wieder in die Nähe des Landesverrats gerückt. Selbst die französische Kontrollmission, die «ihr» Denkmal bewusst als gemeinsames Projekt von Frankreich und Tirol entwickelt hatte, distanzierte sich. Das offizielle Datum der Fertigstellung des Befreiungsdenkmals und des Landhausplatzes ist der Jahrestag der deutschen Kapitulation, es unterstreicht nochmals die gemeinsame Befreiung vom Nationalsozialismus. Doch weder an diesem 8. Mai 1948 noch zu einem anderen Zeitpunkt fand eine offizielle Einweihung statt. Der französische Honorarkonsul Ivo Greiter stellte 1993 fest: *«Eigenartig ist, dass das Denkmal nie feierlich eröffnet oder eingeweiht wurde, es war nach zweijähriger Bauzeit fertig und einfach da.»* [61]

Tatsächlich hatte die französische Kontrollmission die Meinung von Innsbrucks Bürgermeister Anton Melzer eingeholt, wie eine Einweihungsfeier aussehen könnte, die von der Tiroler Bevölkerung gut angenommen würde. Melzer hielt eine offizielle Enthüllung unter Mitwirkung des Verbandes der Tiroler Widerstandskämpfer und von Opfern des Nationalsozialismus zwar für möglich, eine derartige Veranstaltung würde aber keine Begeisterung, sondern Gleichgültigkeit auslösen. Seiner Meinung nach litten die TirolerInnen unter der französischen Besatzung, deren Ende unabsehbar war. In einer Zeremonie drei Jahre nach der Befreiung Tirols vom Nationalsozialismus als weiterhin besetztes Land sähen sie nicht viel Sinn. Zumindest müsste die Einweihung des Denkmals An-

60   HEIDEMARIE UHL, zit. nach SCHREIBER, Widerstand und Erinnerung, 133f.
61   IVO GREITER, Die Eröffnung des Französischen Honorarkonsulates in Innsbruck. Feier im Festsaal des Tiroler Landhauses – vier Gründe für die Wahl des Ortes (21. September 1993), in: GREITER, 10 Jahre Französisches Honorarkonsulat, 42-45, hier 44.

lass für eine Veranstaltung sein, an der «ganz Tirol» teilnehmen würde. Unter ganz Tirol verstand Melzer die Entsendung von Trachtengruppen und Blasmusikkapellen zu den Feierlichkeiten. Als geeigneter Termin erschien dem Bürgermeister Allerheiligen, da das Denkmal jenen gewidmet wärc, «die im Kampf gefallen sind» – ob als Widerstandskämpfer oder Soldaten der Deutschen Wehrmacht führte er laut französischer Mitschrift des Gesprächs nicht aus. Jedenfalls dachte Melzer an eine Einweihung in Form eines Totengedenkens, das dem Denkmal seine wahre Bedeutung gäbe.

Der Bürgermeister unterbreitete dem Vertreter der französischen Kontrollmission schließlich einen Vorschlag, den er als die beste Lösung ansah: die Verschiebung der Eröffnungszeremonie bis zum Abschluss des Staatsvertrags. Dann wäre wirklich ganz Tirol auf den Beinen, um der Einweihung dieses Denkmals beizuwohnen, das der ehemalige Besatzer bei diesem Anlass in die Obhut der Regierung eines freien Tirol stellen würde.

Der Vertreter der französischen Kontrollmission hielt es zwar für möglich, dass im Vorschlag des Bürgermeisters eine gewisse Bosheit enthalten war, dennoch erschien ihm diese Vorgangsweise ein gangbarer Weg, da ihm die Akzeptanz des Denkmals in der Tiroler Bevölkerung wichtig war. Allerdings stellte sich ihm die Frage, ob es möglich war abzuwarten, da – 1948 – noch völlig unklar war, wann und unter welchen Bedingungen sich Frankreich aus Österreich zurückziehen würde.[62]

Die «Tiroler Tageszeitung» hob den Adler und das Gitter als eine «*technisch einmalige Leistung*» hervor. Sie bezeichnete das Denkmal im Juli 1948 als «*geglückte Symphonie französischer und österreichischer bildender Kunst*», als «*Musterbeispiel Tiroler Schmiedekunst*» und als modernes Gegenstück zur «altehrwürdigen» Triumphpforte.[63] Der Landhausplatz biete nun

> «*ein schönes Panorama mit der Nordkette im Hintergrund und selbst frühere Zweifler und Pessimisten müssen zugeben, daß das architektonische Gesamtbild der Stadt durch diese Anlage nur gewonnen hat und um ein reizvolles Detail reicher geworden ist. In beglückender Harmonie fügen sich die Kunstschmiedearbeiten des Ehrenmals – der Tiroler Adler und die Gitter – in den Rahmen des von dem französischen Architekten Pascoud (sic!) entworfenen und unter Leitung von Direktor Labarriere (sic!) erbauten Monumentes, das als Geschenk der französischen Kontrollmission allen denen gewidmet ist, die für Österreichs Freiheit im letzten Kriege starben.*»[64]

Auch in der Folgezeit wurde in den Zeitungen und in der Literatur weniger die Bedeutung des Denkmals und des Widerstandes hervorgehoben als der herrliche Blick vom und durch das Denkmal auf die Tiroler Berge. Dieser Blick ist seit

62 Haut Commissariat de la République Française en Autriche. Mission de Contrôle, D/TY. 6544. Note pour M. le Délégué Général, 5.4.1948 (ohne Unterschrift). Centre des Archives diplomatiques de La Courneuve. Ministère des Affaires étrangères et du Développement international Paris, 1AUT 3106 (dossier 7a/3: Monument du Landhaus).
63 TT v. 03.07.1948, 6.
64 TT v. 03.07.1948, 6.

dem Bau des Hochhauses des Hotels «Holiday Inn» (heute «Hilton» und Casino) verstellt.[65]

Trotz des Abschlusses des Staatsvertrages und des zehnjährigen Jubiläums der Wiedererrichtung der Republik Österreich und der Befreiung vom Nationalsozialismus wurden 1955 keine Feierlichkeiten beim Befreiungsdenkmal abgehalten. Die sehr kurze und schlichte Gedenkveranstaltung am 27. Juli 1955 auf dem mit Menschen dicht gefüllten Landhausplatz galt dem Inkrafttreten des Staatsvertrags und dem Abzug der französischen Mission. Im Mittelpunkt stand das Neue Landhaus, wo die französische Nationalfahne eingeholt und die österreichische Staatsflagge feierlich gehisst wurde. Vom Befreiungsdenkmal war nicht die Rede. Die «Tiroler Nachrichten» berichteten: *Vom neuen Landhaus weht die rot-weiß-rote Fahne.*»[66]

EIN STIL, «DER SICH ERSTAUNLICHERWEISE DEM NATIONALSOZIALISTISCH INSPIRIERTEN NEUEN LANDHAUS ANGLEICHT»

Die Ästhetik des Befreiungsdenkmals hat eine problematische Seite, die in Zusammenhang mit dem imperialen Geschmack des französischen Architekten Pascaud steht. Er plante das Denkmal in Form eines «Siegestores» in der Tradition der Triumphbögen, die monumentale Herrschaftsarchitektur des Nationalsozialismus inspirierte ihn. Zur Erinnerung: Das Neue Landhaus wurde 1938/39 gebaut und war als Gauhaus einer der zentralen Orte der Planung des nationalsozialistischen Terrors in Tirol und Vorarlberg. Sein Eingangsportal weist nicht nur mit Hitlers Reichskanzlei in Berlin Ähnlichkeiten auf, sondern auch mit dem Befreiungsdenkmal, das seiner Form nach einer Spiegelung des Mittelrisalits des ehemaligen Gauhauses nahekommt. Aufgrund dieser Wiederaufnahme architektonischer Elemente des nationalsozialistischen Repräsentationsbaus erscheint das Befreiungsdenkmal wie eine Fortführung der Gauhausarchitektur. Portal und Denkmal liegen auf einer Achse, sind gleich breit und weisen eine ähnliche Senkrechtteilung auf.[67] In der architektonischen Ausgestaltung machen sich auch Analogien zwischen dem Befreiungsdenkmal und dem faschistischen Siegesdenkmal in Bozen bemerkbar, das 1928 unter Benito Mussolini zur Erinnerung an die italienischen Märtyrer des Ersten Weltkrieges und als Symbol der Italianità in Südtirol errichtet worden war.[68]

Das Befreiungsdenkmal steht für Widerstand, Befreiung und Freiheit, Demokratie und Menschenrechte; das Gauhaus war der reale und symbolische Ort der Unterdrückung und Unfreiheit, der Diktatur und Menschenvernichtung. Das Befreiungsdenkmal repräsentiert inhaltlich den absoluten Gegensatz

---

65   Siehe dazu EGGER, Landhausplatz, 254-270.
66   TN v. 28.07.1955, 1; siehe auch Volkszeitung v. 27.07.1955, 6 und 28.07.1955, 2.
67   Vgl. die Kapitel zum Neuen Landhaus und Befreiungsdenkmal, in EGGER, Landhausplatz sowie zusammenfassend 143.
68   MARTHA VERDORFER, Das Siegesdenkmal, in: Bozen Innsbruck, 22-26; siehe auch EGGER, Landhausplatz, 149-160.

Blick vom Landhausplatz in die Fuggergasse und auf die «Alte Post» vor 1985. Stadtarchiv Innsbruck, Sign.: Ph-2278

zum Nationalsozialismus. Doch diese Antithese wird *«ästhetisch konterkariert, zumindest entschärft.»*[69] Dies entging auch dem obersten Kontrollorgan der französischen Kontrollmission für den Denkmalbau nicht. Labarrière betonte zwar, dass es ihm nicht zustehe, gegen den Stil der Konstruktion zu protestieren, *«eines Stils, der sich erstaunlicherweise dem nationalsozialistisch inspirierten neuen Landhaus angleicht».*[70] Doch Labarrière konnte die Gestaltung des Denkmals nicht unbekannt sein. Der Entwurf stammte von der französischen Seite, war von den Tiroler Behörden unter Hinzufügung christlicher und patriotischer Symbole gutgeheißen worden, und Labarrière war in das gesamte

69 NATTER, Herrschaftsbau, 82.
70 Labarrière an Landesauamtsdirektor, 20.08.1948. TLA, ATLR, Abt. VId, Zl. 523/714 ex 1950

Tristesse vor dem Neuen Landhaus 2001

Projekt nicht nur von Anfang an eingebunden, er selbst hatte die Aufgabe inne, für die zeitnahe Durchführung des Denkmalprojekts zu sorgen.

**DAS BEFREIUNGSDENKMAL UND SEINE MISS-INTERPRETATIONEN:
CHRISTLICH-VATERLÄNDISCHE HEIMATKUNST – KRIEGERDENKMAL –
MAHNMAL DER UNTERDRÜCKUNG TIROLS**

Das äußere Erscheinungsbild erleichterte eine Uminterpretation des vielfach ungeliebten Denkmals. Zwar wurde es immer wieder als Zeichen einer französischen Fremdherrschaft ausgegeben, die tirolische Ästhetik machte das Denkmal unter Entkleidung des wahren Erinnerungszweckes aber wieder im Sinne einer christlich-vaterländischen Heimatkunst akzeptabel. Es fehlte nicht an Bestrebungen, das Befreiungsdenkmal in die Gedächtnislandschaft der Kriegerdenkmäler aufzunehmen, zumal der des Latein Unkundige das Befreiungsdenkmal nicht selten mit einem Kriegerdenkmal verwechselte. Die österreich-patriotische Symbolik und der Umstand, dass die Inschrift am Denkmal inhaltlich offen ist, machten es möglich, dass unter den für die Freiheit Österreichs Gestorbenen auch die im Zweiten Weltkrieg gefallenen österreichischen Soldaten verstanden werden konnten.

Am 21. Mai 1955, wenige Tage nach der Unterzeichnung des österreichischen Staatsvertrages, erschien in der «Tiroler Rundschau. Die Neue Front»

Im Gestrüpp 2001: das Pogrom-Mahnmal und die Rückseite des Gedenksteins zur 600-Jahr-Feier der Übergabe der Grafschaft Tyrol an die Herzöge von Österreich

ein Artikel von Dr. Rainer v. Hart-Stremayr[71], einem ehemaligen Redakteur der «Innsbrucker Nachrichten», dem Parteiorgan der NSDAP des Gaues Tirol-Vorarlberg.[72] Die «Neue Front» war ein Presseorgan des «Verbandes der Unabhängigen», dem Sammelbecken ehemaliger NationalsozialistInnen und Vorläufer der 1956 gegründeten FPÖ. Hart-Stremayr deutete das Befreiungsdenkmal als Mahnmal der Unfreiheit und Unterdrückung Tirols durch die französische Besatzung. Es sollte als Ort der Erinnerung an den Widerstand gegen den Nationalsozialismus, die NS-Opfer und die Befreiung von der Nazidiktatur endgültig ausgedient haben:

«Das Auffällige an diesem Denkmal besteht in seiner Unauffälligkeit. Es wurde nämlich nicht feierlich eingeweiht und auch nie irgendwie ‹benützt›. ... Das österreichische Befreiungsdenkmal auf dem Landhausplatz schien es also an allen in Betracht kommenden Erinnerungstagen nicht zu geben. Es war all die Jahre hindurch, seit es gebaut wurde und steht, ein Mahnmal des Schweigens. So lange wir noch keinen Staatsvertrag hatten, gab die öffentliche Meinung sogar laufend jenem Faschingsblatt recht, das vor einigen Jahren eine Karikatur des Denkmals mit der ‹druckfehlerhaften› Aufschrift ‹PRO LIBERTATE AUSTRIAE

---

71 Es findet sich auch die Schreibweise Rainer v. Hardt-Stremayr.
72 NIKOLAUS G. KOGLER, Zwischen Freiheit und Knebelung. Die Tagespresse Tirols von 1914 bis 1947, Innsbruck 2000 (= Tiroler Wirtschaftsstudien 53), 74.

MORTUA⟩ (= ⟨Der gestorbenen österreichischen Freiheit⟩) gebracht hatte.»[73]

Hart-Stremayr bewertete das Mahnmal in künstlerischer Hinsicht als «*eine sehr ordentliche, anständige und saubere Arbeit, die auf den modernen Platz paßt und raffinierte Durchblicke auf die Bergkulisse der Serles im Süden zuläßt*». Zwar wäre das Motiv für die Errichtung «*offiziell*» die «*Denazifizierung*» des ehemaligen Gauhauses gewesen, aber: «*Richtig besehen, fügt sich das Denkmal ausgezeichnet in die Architektur des dahinterliegenden Gebäudes.*» Es sei deshalb nicht populär, weil es eine Ähnlichkeit mit dem faschistischen Siegesdenkmal in Bozen aufweise und zur Schaffung des Platzes vier Familien in Ersatzwohnungen abgesiedelt hatten werden müssen. Dies wäre auch der Grund gewesen, fabulierte der ehemalige NS-Journalist weiter, warum die französische Kontrollmission auf eine feierliche Eröffnung verzichtet habe. Hart-Stremayr vermutete, dass bald Stimmen für eine Abtragung des Denkmals laut würden, «*wenn offiziell bestätigt werden sollte, daß – wie gerüchteweise verlautet – immerhin doch eine beachtliche, vertraulich verausgabte Schillingsumme alter Währung aus Tiroler Landesmitteln im Denkmal bzw. in der Platzgestaltung stecken soll.*» Er machte sich schließlich dennoch für das Denkmal stark. Zum einen wegen «*der großzügigen Platzgestaltung von heute, mit seiner schönen Grünanlage*». Zum anderen, weil es an die Unterdrückung der Tiroler Bevölkerung durch die alliierten Besatzungsmächte erinnere: «*Schließlich schadet es unseren Nachkommen auch nichts, durch ein Denkmal ⟨PRO LIBERTATE⟩ an die ersten zehn Jahre der Unfreiheit durch die Befreiung gemahnt zu werden.*» Die «*wohl anständigste und sauberste Lösung*» wäre es, eine Aufklärungstafel über die Baugeschichte und die «*nie erfolgte Zweckwidmung*» an der Schmalseite des Mahnmals anzubringen. So könnten die TirolerInnen die Hintergründe darüber erfahren, warum die «*vermeintliche Heldenmahnstätte*» keine Ehrfurcht wie bei sonstigen Ehrenmalen wecke und lediglich «*ein beliebter Tummel- und Versteckspielplatz für unwissende Kinder*» sei.[74]

Knapp 40 Jahre später bot Ivo Greiter in seiner Antrittsrede als französischer Honorarkonsul in Innsbruck eine weitere Interpretation an, die das Denkmal aus seinem Zusammenhang mit dem Nationalsozialismus löste: «*Für mich ist dieses Denkmal auch ein bewußt zeitlos gestaltetes Denkmal, das über die Nationen und Jahrhunderte hinweg alle jene ehrt, die sich mit ihrem Leben für die Freiheit unserer Heimat eingesetzt haben und einsetzen werden.*»[75]

Das Befreiungsdenkmal konnte die Hoffnungen, die mit seiner Errichtung verbunden waren, nicht erfüllen. Auf der ästhetischen Ebene ist das Denkmal als Hinterlassenschaft eines spezifisch französischen Kulturbeitrags

---

73 Tiroler Rundschau. Die Neue Front. Zeitung der Unabhängigen (Redaktion und Verwaltung Wien) v. 21.05.1955, 1.

74 Ebd.

75 IVO GREITER, Die Eröffnung des Französischen Honorarkonsulates in Innsbruck. Feier im Festsaal des Tiroler Landhauses – vier Gründe für die Wahl des Ortes (21. September 1993), in: GREITER, 10 Jahre Französisches Honorarkonsulat, 42-45, hier 45.

wegen der Kongruenz mit dem ehemaligen Gauhaus und der weitgehenden Kompromissbereitschaft Frankreichs gegenüber dem Land Tirol kaum erkennbar. Als Symbol der Befreiung und des Widerstandes vermochte es nicht wirklich fester Bestandteil Tiroler Erinnerungskultur werden. Obwohl die französische Besatzungsmacht dem Land Tirol bei der Ausgestaltung des Denkmals so entgegengekommen war, identifizierte sich die Mehrheit der Tiroler Bevölkerung nicht mit diesem Erinnerungszeichen, sondern empfand es als ein von außen aufgezwungenes Denkmal. Bis in die Nullerjahre des 21. Jahrhunderts gelang es nur in geringem Maß, die Akzeptanz des Befreiungsdenkmales zu heben und dessen Bedeutung der Tiroler Bevölkerung verständlich zu machen. Die Inschrift auf Latein unterstützte diesen Prozess des Verdrängens. Daran konnte auch die Anbringung einer Kupfertafel an der Westseite des Denkmals durch die Stadt Innsbruck auf Betreiben des Landes Tirol nichts ändern. Am 14. März 1970 hatte Landeshauptmann Eduard Wallnöfer seine Zustimmung zu folgender Inschrift – mit falscher Datierung – gegeben: «*Dieses Denkmal wurde im Jahre 1945 zu Ehren jener errichtet, die für Österreichs Freiheit ihr Leben gaben*».[76] Auf einer Tafel an der Schmalseite des Denkmals war über die Baugeschichte zu lesen:

> «*Befreiungsdenkmal*
> *Dieses Denkmal wurde im Jahr 1948 über Initiative der französischen Besatzungsmacht errichtet und ist jenen Personen gewidmet, die für die Befreiung Österreichs aus siebenjähriger Unfreiheit (1938–1945) ihr Leben geopfert haben. Geplant von Architekt Pascoud (sic!), zeigt dieses allein von heimischen Künstlern und nur mit österreichischen Symbolen gezierte Mahnmal mit der Inschrift: ‹PRO LIBERTATE AUSTRIAE MORTUIS› in Kreuzesform die Wappen der neun österreichischen Bundesländer, gestaltet von Toni Fritz sowie zuoberst den Tiroler Adler mit dem österreichischen Bindenschild von Emmerich Kerle.*»

EIN «STÄDTEBAULICHES CHAOS»

In den 1967 erschienenen Erinnerungen an seine Zeit als Oberkommandierender und Militärkommissar für Tirol und Vorarlberg bemerkte General Béthouart: «*Etliche Pessimisten konnten es sich nicht versagen, zu prophezeien, daß das Denkmal sofort nach Abzug der französischen Besatzung geschleift werden würde. Wir können heute zu unserer Freude feststellen, daß dieses Monument nunmehr zum Kunstschatz der Stadt Innsbruck zählt.*»[77]

Das Denkmal wurde in der Tiroler Öffentlichkeit aber weder als Schatz empfunden, noch stellte es einen identitätsstiftenden historischen Bezugspunkt

---

76 Landeshauptmann Eduard Wallnöfer an LORR Dr. Ernst Eigentler, 14.03.1970. ATLR, Abt. VId, Zl. 267/709a ex 1950.
77 BÉTHOUART, Schlacht, 62.

dar, der das kulturelle Gedächtnis beeinflusste. Eine Abtragung des Denkmals, die der «Bund der Opfer des politischen Freiheitskampfes in Tirol» 1961[78] im Zuge von Überlegungen zum Bau einer Tiefgarage[79] befürchtete, hatten Stadt und Land aber nie in Betracht gezogen. Dies war schon deshalb nicht möglich, weil sich Österreich im Staatsvertrag verpflichtet hatte, alle Denkmäler der Alliierten zu erhalten.

Mit den Jahren entstand im Norden des Landhausplatzes eine lebloser Unort, im Südbereich ein «Sammelsurium» an Denkmälern. Übrig blieb ein «städtebauliches Chaos».[80]

Der südliche Teil war von Wegen, Bäumen, Gebüsch und Rasen durchzogen, zwischen denen willkürlich verteilt Denkmäler ohne inhaltlichen Bezug zueinander standen: 1963 wurde anlässlich der 600-Jahr-Feier der Übergabe der Grafschaft Tyrol an die Herzöge von Österreich ein Gedenkstein aufgestellt,[81] 1999 der «Vereinigungsbrunnen» eingeweiht, der an die Eingemeindung von Pradl und Wilten (1904), Hötting, Mühlau und Amras (1938), Arzl (1940), Igls und Vill (1942) in die Stadt Innsbruck erinnert. Seit 1997 findet sich ein weiteres Denkmal am Landhausplatz. Im Gegensatz zu den genannten Erinnerungszeichen steht das Mahnmal zum Gedenken an die vier jüdischen Opfer der Pogromnacht vom 9. auf den 10. November 1938 («Reichskristallnacht») in einem thematischen Zusammenhang zum Aufstellungsort. Die dem Zufall geschuldete, beliebige Aneinanderreihung von Denkmälern war ebenso offensichtlich wie das Fehlen eines Gesamtkonzepts.

Durch den *«unstrukturierten Charakter des im Alltag unbelebten Platzes»* verstärkte sich der *«Eindruck unnahbarer Herrschaftsarchitektur»*.[82] Nach seiner Fertigstellung wurden zwar die grünen Rasenflächen, der rote Kies und das schöne Panorama mit dem Blick auf die Nordkette gelobt, doch der Landhausplatz war weder beliebt noch belebt. Von Anfang an gab es einen Autoverkehr vor dem Neuen Landhaus, der mit den Jahren kontinuierlich zunahm; besonders nach dem Abriss des Gebäudes der «Alten Post» in der Maria-Theresien-Straße 47. Der Freiraum, der entstand, führte dazu, dass das Areal zwischen Landhaus und Befreiungsdenkmal bis zur Errichtung der Tiefgarage 1985 als Parkplatz genutzt wurde. Ab diesem Zeitpunkt durften keine Autos mehr am Landhausplatz fahren, der nun im nördlichen Teil zugepflastert wurde. Die rot-weiß-grauroten Porphyr- und Granitplatten verblassten rasch und wirkten trostlos. Der erste Bau des Sporthauses «Okay» im selben Jahr schloss den Freiraum zur Maria-Theresien-Straße wieder.[83]

---

78 Siehe NATTER, Herrschaftsbau, 82.
79 Siehe zur Tiefgarage am Landhausplatz EGGER, Landhausplatz, 183-191.
80 EGG, Innsbruck – Landhausplatz, 36.
81 Siehe dazu EGGER, Landhausplatz, 167-182.
82 NATTER, Herrschaftsbau, S. 81.
83 EGG, Innsbruck – Landhausplatz, 6f.; EGGER, Landhausplatz, 192f.

Diese Veränderungen Mitte der 1980er Jahre riefen Kritiker auf den Plan. Sie beanstandeten die lähmende Eintönigkeit des Areals und warfen die Frage auf, «*ob man das Zubetonieren eines Platzes überhaupt als architektonische Gestaltung betrachten kann.*»[84] Die großformatige Pflasterung, die Tiefgarage mit ihrer Einfahrt in der Mitte des Platzes und die konzeptlose Befüllung des Südteils mit Denkmälern hatten die Anlage zerstört. Der Bereich zwischen Landhaus und Denkmal wurde als Aufmarschplatz für Soldaten, Schützen und DemonstrantInnen oder als kommerzialisierter öffentlicher Raum für Events und einen Christkindlmarkt genutzt, jugendliche Skater mussten ihren Sport anderweitig ausüben. Der Bereich südlich des Befreiungsdenkmals konnte seiner ihm zugedachten Funktion als Ort der Erholung ebenso wenig gerecht werden. An diesem ausgesucht hässlichen Ort hielten sich vorwiegend Obdachlose und Menschen mit Drogenproblemen auf, zu ihnen gesellten sich einige wenige ArbeitnehmerInnen während der Mittagspause.

1994 wurde der Landhausplatz zu Ehren des früheren Landeshauptmannes in Eduard-Wallnöfer-Platz umbenannt. In der öffentlichen Wahrnehmung galt der Platz als Schandfleck der Landeshauptstadt. 2007 unternahm die Tiroler Landesregierung erste konkrete Schritte für eine Neugestaltung, 2008 lobte sie einen baukünstlerischen Wettbewerb aus, und 2011 präsentierte sich der Eduard-Wallnöfer-Platz in völlig neuer Gestalt.

∼

---

84   TT (Beilage «Innsbruck aktuell») v. 06.05.1986, 1, zit. nach EGGER, Landhausplatz, 192.

Freigelegte Erinnerungslandschaft und urbaner Begegnungsraum
Die Sicht des Historikers auf den neu gestalteten Eduard-Wallnöfer-Platz
Horst Schreiber

Die baukünstlerische, architektonisch-formale und inhaltliche Herausforderung bei der Neugestaltung des Eduard-Wallnöfer-Platzes war enorm. Zum einen ist er mit Ausnahme des von Lois Welzenbacher gebauten Verwaltungsgebäudes der Innsbrucker Kommunalbetriebe in der Salurner Straße auf allen Seiten von architektonischer Banalität umgeben. Der neu zu gestaltende Platz musste sich notgedrungen aus sich selbst heraus behaupten können.

Zum anderen ging es darum, sich erinnerungspolitisch mit dem Landhaus als nationalsozialistischem Repräsentationsbau und dem Befreiungsdenkmal als inhaltlichem Kontrapunkt zu beschäftigen; samt der Tatsache, dass das Befreiungsdenkmal die nationalsozialistische Ästhetik aufnimmt, da es wie eine Spiegelung des Eingangsportals des ehemaligen Gauhauses erscheint. Die Dominanz dieser beiden Objekte repräsentierten nicht nur Auftrag und Last der Vergangenheit, die nach einem geschichtssensiblen neuen Umgang verlangten. Sie erzeugte auch eine bedrückende Atmosphäre, die den PassantInnen die Lust zum Verweilen vergällte.

ARGE LAAC/Stiefel Kramer/Christopher Grüner stellten kein gärtnerisches Projekt vor, das das Denkmal hinter Bäumen verborgen und so die Chance einer gesellschaftspolitischen Auseinandersetzung mit dem steinernen Erbe des Nationalsozialismus und der Nachkriegszeit vertan hätte. Ihre künstlerische Intervention am Befreiungsdenkmal nahm behutsam Veränderungen vor, ohne es in seiner zeitgebundenen Entstehung unkenntlich zu machen. ARGE LAAC/Stiefel Kramer/Christopher Grüner schufen eine urbane Bodenplastik, die sich als «Topographie sanfter Hügel» über den Platz erstreckt, ihn bewegt und eine neuartige Landschaft kreiert, die einen spannenden Gegensatz zur Umgebung bildet. Darin eingebettet ist das Befreiungsdenkmal, dem eine leicht geneigte Basis zugrunde gelegt wurde, die die Symmetrie zwischen Denkmal und Landhaus bricht. Durch die Einbeziehung des Sockelbereichs in die Bodenplastik fielen mehrere Stufen weg. Diese Niveauveränderungen milderten den imperialen Charakter des Befreiungsdenkmals.

Christopher Grüner, verantwortlich für die künstlerische Intervention am Befreiungsdenkmal, betont, dass die GestalterInnen eine unbändige Lust verspürten, zu modellieren, etwas Neues zu bauen und einen urbanen, demokratischen Platz zu schaffen, auf dem sich die BürgerInnen offen und ungehindert bewegen, treffen und aufhalten können. Die in Beton gegossene Bodenplastik erweist sich nicht nur als futuristische Landschaft, die völlig neue Ausblicke und Perspektiven ermöglicht im Vergleich zur bisherigen einschüchternden Geschlossenheit des Platzes, der 1972 durch den Bau des Hochhauses des Hotels «Holiday Inn» (heute «Hilton» und Casino) seinen einzigen schönen Ausblick verlor. Sie verweist in ihrer äußeren Beschaffenheit auf eine Schwemmlandschaft und erinnert daran, dass die Stadt Innsbruck auf einem derartigen Schwemmland gebaut wurde.[1]

TÄTERBAU, WIDERSTANDSDENKMAL UND OPFERMAHNMAL: EIN NEUER BLICK AUF DIE VERGANGENHEIT

Landhaus (ehemaliges Gauhaus), Befreiungsdenkmal, Pogrom-Mahnmal

Auf dem neuen Eduard-Wallnöfer-Platz wurden Bäume gepflanzt, die in wenigen Jahren für zusätzliche Abwechslung und Bereicherung in seiner Funktion als Erholungsraum sorgen werden. Die Absicht des Planungsteams war es, so die Architektin Kathrin Aste, einen öffentlichen Raum ohne Konsumzwang zu schaffen und die Denkmäler inhaltlich besser zur Geltung zu bringen.[2] Die Umgruppierung der Mahn- und Denkmäler stärkte die Funktion des Eduard-Wallnöfer-Platzes als Erinnerungslandschaft, zugleich gewann er auch als Ort der Begegnung. Die ArchitektInnen und der Künstler rückten

---

1 Interview mit Christopher Grüner, 25.6.2010.
2 http://regionaut.meinbezirk.at/innsbruck/kultur/halbzeit-am-landhausplatz-d8208.html (Zugriff am 18.2.2015).

das Pogromdenkmal vom südlichen Ende des Platzes stärker ins Zentrum und schufen so eine deutlich wahrnehmbare Erinnerungslandschaft, die Bezug auf den Nationalsozialismus nimmt. Täterbau, Widerstandsdenkmal und Opfermahnmal stehen nun in einem erkennbaren Spannungsverhältnis zueinander. Der Blick auf diese Vergangenheit wurde geschärft, eine neuartige, bewusstere Rezeption möglich. Die anderen Denkmäler – der Vereinigungsbrunnen und das Monument zur Erinnerung an 600 Jahre Tirol bei Österreich 1363–1963 – wurden dezent an die Peripherie des Platzes verlegt. Auf diese Weise lösten die ArchitektInnen und der Künstler die frühere Beliebigkeit der Erinnerungslandschaft auf. Sie berücksichtigten die nachrangige Bedeutung dieser beiden Objekte im öffentlichen Gedenken im Vergleich zu den Denkmälern, die in einem Zusammenhang mit dem Nationalsozialismus stehen. ArchitektInnen und Künstler gliederten den Vereinigungsbrunnen und den Gedenkstein für die Zugehörigkeit Tirols zu Österreich in jenen Bereich des Platzes ein, der der Begegnung und Erholung dient. So wurde der Vereinigungsbrunnen von seiner ihn verunstaltenden gekachelten «Wanne» befreit und auf einer schräg abfallenden, Wasser führenden Fläche neu platziert.

EIN DENKMAL FÜR ALLE GRUPPEN DES WIDERSTANDS

Die schmiedeeisernen Gitter des Befreiungsdenkmals mit den Wappen der Bundesländer in Form eines Kreuzes zeugen von der Qualität Tiroler Handwerkskunst, inhaltlich war diese Zeichensetzung jedoch äußerst fragwürdig, da sie den nicht katholisch motivierten Widerstand ausschloss. Christopher Grüner nahm einen bemerkenswerten Eingriff vor. Er öffnete die Gittertore und befreite das Denkmal von dieser einseitigen Interpretation, die dem konservativen Tiroler Geschichtsverständnis der Nachkriegszeit entsprach. Der Eduard-Wallnöfer-Platz gewann an Leichtigkeit, weil das Befreiungsdenkmal seitdem begehbar ist. Es fügt sich harmonischer in den Ort ein als früher, macht unverstellte Blicke möglich und verbindet nun die Nord- und Südseite des Platzes, den die Jugend nutzt, um sich hier zu treffen und zu skaten. Landesrätin Beate Palfrader stellte fest:

«Die Öffnung der Tore vermittelt eine deutliche Botschaft: Die Offenheit unserer Gesellschaft ist eine wesentliche Bedingung unserer Freiheit. Die Öffnung der Tore des Denkmals ist aber auch ein Bekenntnis des Landes Tirol: Unsere Geschichte ist nicht abgeschlossen, wir sind offen für Veränderungen und bereit, uns auch immer wieder auf eine kritische Prüfung unseres Herkommens und unserer Werte einzulassen. – Dies sind wir den für die Freiheit Österreichs Gestorbenen, aber auch der Freiheit unserer Kinder schuldig.»[3]

---

3 Den für die Freiheit Österreichs Gestorbenen. Das Befreiungsdenkmal und die Erinnerung. Eine Intervention, hrsg. vom Amt der Tiroler Landesregierung, Innsbruck 2011, 6.

Durch die Öffnung der Gitter schließt das Befreiungsdenkmal nicht mehr nur den katholisch-konservativen Widerstand, sondern alle Gruppen des Widerstands mit ein. 2011

DIE PERSONALISIERUNG DES WIDERSTANDS

Die bedeutsamste Veränderung durch die künstlerische Intervention am Befreiungsdenkmal im Jahr 2011 betrifft seine beiden Schmalseiten, auf denen die Namen jener Frauen und Männer zu lesen sind, die wegen ihres Widerstands gegen den Nationalsozialismus ums Leben kamen. Indem sie als konkret benennbare Menschen dem Vergessen entrissen werden, treten sie ins kollektive Gedächtnis und in die Erinnerungskultur Tirols ein. Ihre Namen setzen sich aus Aluminiumlettern zusammen, die am Denkmal in nicht-alphabetischer

Reihenfolge angebracht sind.[4] Damit ist eine Erweiterung des Personenkreises gewährleistet, denn die Recherche ist naturgemäß unabgeschlossen.

Der in der Ukraine geborene Franzose Adolphe Mouron veröffentlichte anlässlich der Pariser Weltausstellung 1937 eine neue Schrift: «Peignot».[5] Markus Weithas brachte sie für das Projekt ins Spiel. «Peignot» fand für die Anbringung der Namen am Denkmal deshalb Verwendung, weil sie modern, einfach, klar und vor allem nicht imperial wirkt. Zudem ergibt sich eine Verbindung zu Frankreich als Auftraggeber des Befreiungsdenkmals.

2015 entwarf Christopher Grüner ein künstlerisches Konzept, das am Denkmal die Rolle der Alliierten für die Befreiung Österreichs sichtbar macht. Er ließ die lateinische Inschrift des Denkmals in die Sprachen der alliierten Befreier übersetzen und brachte die neue Textierung an der Attika auf der Südseite des Denkmals an. Die Übersetzung von «Pro Libertate Austriae Mourtuis» auf Französisch, Englisch und Russisch macht den Zweck des Befreiungsdenk-

4   Interview mit Christopher Grüner, 25.6.2010.
5   http://www.100besteschriften.de/49_Peignot.html (Zugriff am 18.2.2015).

mals für seine Betrachterinnen und Betrachter klar verständlich. Sie wird der ursprünglichen Absicht Frankreichs, an den Widerstand Einheimischer und an die im Kampf gegen Hitler-Deutschland gefallenen alliierten Soldaten zu erinnern, in besonderem Maß gerecht. Der Widerstand in Tirol war verdienstvoll, doch ohne den militärischen Sieg der Alliierten hätte Österreich nicht vom Nationalsozialismus befreit werden können. Zur 70. Wiederkehr des Kriegsendes setzt das offizielle Tirol mit der neuerlichen Intervention am Befreiungsdenkmal ein klares Zeichen. Der 8. Mai 1945 war nicht ein Tag der Niederlage, sondern der Freude: «Österreich ist frei.» Er war ein Tag der Befreiung von der Barbarei des Nationalsozialismus, ein Tag, der die Wiederherstellung von Österreich als demokratischem Rechtsstaat ermöglichte: Der heutige Blick auf 1945 kann nur jener der Verfolgten, der Widersacher und Gegnerinnen des NS-Regimes sein.[6]

EIN ERINNERUNGS- UND MÖGLICHKEITSRAUM

Der Eduard-Wallnöfer-Platz war bis vor Kurzem ein unbelebter und vergangenheitsbelasteter Unort. Er konnte weder seiner Funktion als Ort der Erinnerung noch seiner Funktion als Ort der Erholung und Kommunikation gerecht werden. Heute präsentiert er sich als eigenständiger urbaner Raum, der der Monotonie seiner Umgebung ein kühnes großstädtisches Flair verleiht und

---

6 Heidemarie Uhl, Von Gedenkjahr zu Gedenkjahr, in: http://science.orf.at/stories/1752089/ (Zugriff am 10.11.2015).

DEN FÜR DIE
FREIHEIT
ÖSTERREICHS
GESTORBENEN

Ein Denkmal für alle Gruppen des Widerstands. 2016

zum Sportbetreiben, Schauen und Verweilen einlädt. Der Eduard-Wallnöfer-Platz ist ein Möglichkeitsraum, der eine vertiefte kulturelle Nutzung nahelegt und intelligent bespielt werden möchte.

Entstanden ist vor allem ein verdichteter Erinnerungsraum, der die nationalsozialistische Vergangenheit und seine Rezeption sichtbar macht. Als Lernort nehmen ihn immer mehr Schulklassen in Anspruch.

≈

Porträts zum Widerstand in Tirol

Martin Achrainer, Gisela Hormayr, Christian Mathies,
Horst Schreiber, Oliver Seifert

Das Befreiungsdenkmal trägt die Inschrift «Pro Libertate Austriae Mortuis» –
«Den für die Freiheit Österreichs Gestorbenen». Es soll damit an all jene Menschen erinnern, die für die Befreiung von der nationalsozialistischen Herrschaft
ihr Leben aufs Spiel gesetzt und verloren haben. Damit waren zweifellos in
erster Linie die Soldaten der Alliierten gemeint. Doch der innere Widerstand
in Österreich und der Widerstand von Österreicherinnen und Österreichern
auch außerhalb dieses Landes wurde für das Selbstbewusstsein der Zweiten
Republik konstituierend – unabhängig von seinem Ausmaß und seinem Erfolg.

Dieses Buch stellt 124 Männer und Frauen vor, die wegen ihres Widerstandes gegen den Nationalsozialismus ums Leben kamen. Wir sprechen bewusst nicht von «Widerstandskämpfern». Dieser aus der unmittelbaren Nachkriegszeit gebräuchliche und pathetisch überhöhte Begriff trifft die Lebenswelt
der meisten hier vorgestellten Menschen nicht. Die Autorin und die Autoren
dieser kurzen Porträts haben sich entschlossen, die Auswahl nicht auf den organisierten politischen Widerstand zu beschränken, der mit dem Begriff des
«Widerstandskämpfers» assoziiert wird. Diese Einschränkung würde der Rea-
lität des «Dritten Reiches» nicht entsprechen. Widerstand wurde auf vielfältige
Weise geleistet, oft aus reiner Menschlichkeit, wie etwa die Hilfe für Verfolgte.
Diese Handlungen erforderten nicht weniger Mut als der organisierte Widerstand und griffen genauso den Hoheitsanspruch des totalitären Staates an. Eine
weiter gesteckte Definition von Widerstand entspricht zu einem guten Teil dem
Verständnis der ersten Nachkriegsjahre, wie sie auch von der Republik Österreich herangezogen wurde, um den eigenen Beitrag zur Befreiung unter Beweis
zu stellen. Widerstandshandlungen dienten zur Legitimation der Republik Österreich, der Freiheit und Eigenständigkeit des Staates.

In der Widerstandsforschung hat sich für diese Vielfältigkeit eine Differenzierung widerständischen Verhaltens herausgebildet. Ergänzend können
nun Begriffe wie Widersetzlichkeit, Protest, ziviler Ungehorsam und Resistenz
herangezogen werden. Damit sei nur angedeutet, dass eine strikte, exakte Definition von «Widerstand» in der Praxis kaum möglich ist. Umso wichtiger ist es
daher, unsere Kriterien, nach denen die Auswahl der vorliegenden Biographi-
en erfolgte, auszuführen.

Das wesentliche Kriterium war zunächst der Nachweis einer *bewusst gegen die nationalsozialistische Herrschaft, ihre Ansprüche und Normen gesetzten Handlung*. Die persönliche Motivation der hier porträtierten Männer und
Frauen können wir in vielen Fällen nicht kennen. Eine Widerstandshandlung

kann aus eigenem Antrieb erfolgt sein, aber auch in einer Verweigerung bestehen. Verweigert haben sich beispielsweise Deserteure oder jene Zeugen Jehovas, die eine Loyalitätserklärung für das «Dritte Reich» nicht unterschrieben haben.

Dieses Buch will den Fokus nicht auf die Verfolgungsorgane und -instrumente des Regimes legen. Daher haben wir uns dazu entschlossen, jene Personen nicht einzubeziehen, die vorwiegend als Opfer einer «Ausmerzungspolitik» des Nationalsozialismus zu sehen sind. Folglich finden hier eine Reihe von Opfergruppen keine Berücksichtigung, soweit nicht Einzelpersonen Widerstandshandlungen gesetzt haben: Jüdinnen und Juden, Roma und Sinti, ZwangsarbeiterInnen, Homosexuelle, Menschen, die wegen nicht politisch motivierter Taten zum Tode verurteilt (etwa kleinkriminelle «Volksschädlinge») oder in Konzentrationslagern ermordet wurden (etwa so genannte «Asoziale») sowie Politiker und Exekutivbeamte des «Ständestaates» bzw. der «Vaterländischen Front», die aufgrund ihrer Funktion vor der NS-Zeit in Konzentrationslagern umgekommen sind. Nicht die «Verfolgungslogik» des Nationalsozialismus soll hier im Mittelpunkt stehen, sondern die bewusst gegen ihn gesetzten Handlungen.

Aufgenommen wurden daher TeilnehmerInnen des politischen Widerstands von SozialdemokratInnen, KommunistInnen, Katholisch-Konservativen und LegitimistInnen, Widerstandshandlungen von Wehrdienstverweigerern und Deserteuren, Priestern und Zeugen Jehovas sowie der militärische Widerstand bei Kriegsende. Aufgenommen wurden auch die so genannten «Spanienkämpfer», die ums Leben kamen. Die meisten von ihnen sahen ihren Kampf gegen den spanischen Faschismus als Fortsetzung ihres Engagements gegen Faschismus und Nationalsozialismus in Österreich.

Ein weiteres Kriterium für die Aufnahme einer Kurzbiographie war der Zusammenhang mit Tirol. In erster Linie waren die in Tirol stattgefunden Widerstandshandlungen zu dokumentieren; darüber hinaus aber auch Widerstand von TirolerInnen außerhalb des Landes. Als TirolerIn betrachten wir jeden Menschen, der über eine längere Zeit sein Leben in Tirol verbracht hat. Es sind allerdings nur wenige Fälle von Widerstand außerhalb Tirols dokumentiert.

Damit weicht diese Publikationen von den letzten, vor rund 30 Jahren erschienenen größeren Zusammenstellungen wie «Zeugen des Widerstandes» und «Widerstand und Verfolgung in Tirol» erheblich ab. In diesen Veröffentlichungen stand die Eruierung aller Opfer des Nationalsozialismus im Mittelpunkt des Interesses. In der Zwischenzeit ist aber eine umfangreiche Spezialliteratur mit regionalen, gruppenspezifischen oder institutionellen Schwerpunkten erschienen. Dies erlaubt es jetzt, die vorliegende Differenzierung vorzunehmen. Trotzdem war es uns in einigen Fällen nicht möglich, herauszufinden, aus welchen Gründen einzelne Personen gewaltsam ums Leben kamen – eine vollständige Dokumentation des Widerstands in Tirol und von Tirolern und Tirolerinnen war schlicht nicht möglich.

Die Autorin und die Autoren hatten keinen umfassenden Forschungsauftrag zu erfüllen, sondern die vorhandene Literatur auszuwerten und ergänzende Quellenbestände, vor allem die Opferfürsorgeakten der Tiroler Landesregierung und die Akten des NS-Volksgerichtshofes, heranzuziehen. Die Quellenlage ist für die in Tirol selbst vorgefallenen Widerstandshandlungen zweifellos sehr gut; dagegen gibt es bisher nicht zu schließende Lücken vor allem im Zusammenhang mit der Wehrmacht. In Innsbruck wurde eine bis heute völlig unbekannte Zahl von Kriegsdienstverweigerern durch die Militärgerichte zum Tod verurteilt und hingerichtet; eine einzige, unvollständige Kurzbiographie steht in der vorliegenden Publikation stellvertretend für diese Unbekannten. Auch für Soldaten der Wehrmacht, die in ihren Einsatzgebieten Widerstand leisteten, sich etwa verbrecherischen Befehlen widersetzten und Menschlichkeit zeigten, gibt es nur wenige überlieferte Fälle. Eine zielgerichtete Quellensuche ist für solche Fälle nicht möglich.

Seit der ersten Beauftragung im Jahr 2011 hat Gisela Hormayr zwei Bücher zum linken und zum katholisch-konservativen Tiroler Widerstand mit Todesfolge vorgelegt. Aufgrund ihrer Forschungsergebnisse wurde es möglich, an den Schmalseiten des Befreiungsdenkmals 17 neue Namen von Menschen anzubringen, die ihre Widersetzlichkeit im Nationalsozialismus mit dem Tod bezahlten. Sie alle fanden in der vorliegenden Publikation Aufnahme.

Die Kurzporträts gedenken der Toten; sie sollen aber an der Beschreibung ihrer Taten auch darauf aufmerksam machen, dass viele dieser Handlungen – Hilfeleistungen, Überzeugungsarbeit – fruchtbar waren.

Paul Anetter

geboren 23.3.1893 in Oberdrauburg (Kärnten)
gestorben 1.10.1942 im KZ Mauthausen

Paul Anetter war in Lienz Angehöriger der Sozialdemokratischen Arbeiterpartei. Er gehörte zu jenen vier Osttirolern, die von der Gestapo Lienz ohne Gerichtsverfahren wegen kommunistischer Gesinnung in ein Konzentrationslager verbracht wurden. Anetters Überstellung ins KZ Dachau erfolgte am 11. Oktober 1941. Ab Dezember kam er für wenige Monate frei, bis er am 14. Mai 1942 ins KZ Mauthausen eingeliefert wurde. Paul Anetter verstarb am 1. Oktober 1942. Als Todesursache wurde Lungentuberkulose angegeben.

Zeugen des Widerstandes, S. 9f.
Kofler, Osttirol im Dritten Reich, S. 174.

Josef Außerlechner

geboren 4.9.1904 in Kartitsch
gestorben 13.6.1944 im KZ Dachau

Josef Außerlechner wuchs mit sechs Geschwistern in einfachen bäuerlichen Verhältnissen in Kartitsch in Osttirol auf. Der Vater fiel im Ersten Weltkrieg. Nach dem Tod der Mutter 1927 verließ Josef Außerlechner den elterlichen Hof und trat als Laienbruder in das Prämonstratenserstift Wilten in Innsbruck ein. Er nahm den Ordensnamen Gereon an und verrichtete Arbeiten als Gärtnergehilfe und im Speisesaal. Nach der Aufhebung des Klosters am 24. August 1939 kehrte er in seinen Heimatort zurück und lebte in der Familie seines Bruders Oswald, der als Kritiker des NS-Regimes mehrmals zu Verhören bei der Gestapo Lienz vorgeladen wurde. Josef Außerlechner arbeitete zunächst als Hausdiener in einem Gasthof, musste aber dann wegen der Anfeindungen im Dorf von seinem Bruder versteckt werden. Außerlechner wurde als «arbeitsscheuer Betbruder» beschimpft, der nicht wie andere Männer Dienst an der Front leiste. Sein Versteck wurde schließlich verraten. Vermutlich vom Dorfgendarmen informiert, erschien der Leiter der Gestapo Lienz gemeinsam mit örtlichen Parteifunktionären, um Josef Außerlechner am 3. März 1943 zu verhaften. Das Zugangsbuch des KZ Dachau verzeichnet seine Einlieferung bereits für den folgenden Tag. 15 Monate später wurde im Sterberegister des Lagers als offizielle Todesursache «Verletzungen bei Fliegerangriff, Verblutung» vermerkt. Mithäftlinge berichteten später von wiederholten schweren Misshandlungen durch die Aufseher im

Lager. Noch am Tag vor seinem Tod wurde Josef Außerlechner, so die Zeugen, über eine Stiege geschleift und von Wachhunden angegriffen. Die mutmaßliche Denunziantin blieb nach 1945 unbehelligt.

Archiv KZ-Gedenkstätte Dachau.
Außerlechner, Josef Außerlechner – Bruder Gereon OPraem., S. 32.
Steinegger, Frater Gereon (Josef) Außerlechner O. Praem., S. 63-68.

Maria Cäcilia Autsch

geboren 26.3.1900 in Röllecken/Sauerland
gestorben 23.12.1944 im KZ Auschwitz

Maria Autsch stammte aus einer kinderreichen Familie und wuchs am Land in bescheidenen Verhältnissen auf, die den Besuch einer weiterführenden Schule nicht gestatteten. Nach Abschluss der Grundschule absolvierte sie eine kaufmännische Lehre. Was sie dazu bewog, sich mit 33 Jahren um die Aufnahme in den Orden der Trinitarierinnen in Mötz im Tiroler Oberland zu bewerben, ist unbekannt. Sie nahm den Namen «Schwester Angela vom Heiligsten Herzen Jesu» an und legte im September 1938 die ewigen Gelübde ab. Als Vertreterin der erkrankten Oberin trat sie vehement gegen die drohende Aufhebung des Klosters durch die Nationalsozialisten auf. Sie argumentierte damit, dass sich das Mutterhaus des Ordens in Valencia befände, das Kloster somit spanischer Besitz wäre. Schließlich ersuchte sie den spanischen Konsul in Wien um Hilfe. Von der Enteignung des Klosters wurde schließlich abgesehen, doch ihre Aktivitäten gingen über eine von der Gauleitung tolerierte passive Resistenz der katholischen Kirche weit hinaus: Am 12. August 1940 verhaftete die Gestapo Sr. Angela und überstellte sie wenige Wochen später in das KZ Ravensbrück. Dort arbeitete sie im Krankenbau. Ihre außerordentliche Hilfsbereitschaft und Aufopferung für die Mitgefangenen bezeugte nicht zuletzt die Sozialistin Rosa Jochmann. Am 25. März 1942 wurde Sr. Angela mit einem Transport von annähernd tausend Frauen nach Auschwitz verlegt. Auch hier war sie im Krankenbau und später im SS-Lazarett tätig. Selbstlos brachte sie sich in Gefahr, um das Leben kranker Häftlinge zu retten. Die Umstände des Todes von Maria Autsch im Dezember 1944 bleiben ungeklärt.

Fux (Hrsg.), Schwester Angela Maria vom Heiligsten Herzen Jesu.
Spieker, Schwester Angela Maria Autsch (1900-1944), S. 202-225.
Stöger, «Aus Liebe leiden mit dem Herrn». Sr. Angela Autsch, der Engel von Auschwitz, S. 84-98.

Josef Axinger

geboren 25.10.1871 in Michaels-Neukirchen (Oberpfalz)
gestorben 3.8.1944 in München-Stadelheim

Josef Axinger übersiedelte im Juni 1928 von Deutschland nach Axams, wo er als selbstständiger Friseurmeister arbeitete. Er war Mitglied der SPD, später der SPÖ. Von 1934 bis 1938 betätigte er sich in der illegalen sozialistischen Organisation von Axams. Dem NS-Regime, das in ihm einen «eingefleischten Marxisten» sah, stand er von Anfang an ablehnend gegenüber. Am 14. September 1943 wurde Axinger auf Anordnung der Gestapo in die Polizeihaft nach Innsbruck eingeliefert. Vom 24. September 1943 bis 7. April 1944 befand er sich im landesgerichtlichen Gefangenenhaus, danach wurde er nach München-Stadelheim überstellt. Axinger hatte Feindsender gehört und in Axams Flugblätter der Alliierten verbreitet, die er anlässlich seines Besuches der Tochter in Amberg (Oberpfalz) gefunden und mitgenommen hatte. Darin wurde zum Sturz Hitlers aufgerufen und der unausweichliche Sieg der Alliierten verkündet. Der Volksgerichtshof verurteilte ihn aufgrund der Hauptverhandlung am 12. April 1944 wegen Feindbegünstigung zum Tode. Josef Axinger wurde am 3. August 1944 in München-Stadelheim hingerichtet.

Online-Datenbank. DeGruyter. Anklage 8J 212/43 und Urteil 6H 31/44 -- 7(8)J 212/43
Hormayr, «Ich sterbe stolz und aufrecht», S. 141-151.
Muigg/Ortner, Sozialdemokratischer Widerstand in Tirol, S. 213-221.

Max Bär

geboren 20.12.1903 in Miesbach (Bayern)
gestorben 24.2.1944 in München-Stadelheim

Max Bär war der Idealtyp eines klassenbewussten, politisch aktiven Arbeiters. Als Sohn eines Bergmanns geboren, arbeitete er nach Abschluss der Volksschule in einem Bergwerk in Bayern. Dann zog er nach Schwaz und erlernte hier das Malerhandwerk. Seit 1934 gehörte er der inzwischen verbotenen KPÖ an und nahm 1936 an einem Schulungslehrgang in Prag teil. Max Bär organisierte insbesondere in den Jahren 1941 – nach dem Angriff der Wehrmacht auf die Sowjetunion – und 1942 eine illegale KP-Gruppe in Schwaz, deren Mitglieder er in erster Linie politisch schulen wollte, wozu er einen Schulungsbrief verfasste; außerdem begann er ein Netzwerk der «Roten Hilfe» aufzubauen. Konkret unterstützte Bär die Familie eines Deserteurs, aber auch sowjetische Kriegsgefangene in Jenbach und schickte einem Angestellten, der die Kriegsgefangenen misshandelt haben soll, einen Drohbrief. Am 22. Jänner 1943 wurde Bär verhaftet und zusammen mit fünf weiteren Männern und Frauen aus Schwaz vor dem Volksgerichtshof angeklagt. Dieser verhängte in der Hauptverhandlung am 29. und 30. November 1943 wegen Vorbereitung zum Hochverrat gegen Bär das Todesurteil, gegen die übrigen Angeklagten hohe Strafen von sechs bis 15 Jahren Zuchthaus. Max Bär wurde am 24. Februar 1944 in München-Stadelheim hingerichtet.

Online-Datenbank. De Gruyter. Anklage 7J 379/43, Urteil 6H 186/43 -- 7J 379/43.
Zeugen des Widerstandes, S. 11.
Heiß, Max Bär.

Michael Bazil

geboren 23.3.1917 in Innsbruck
gestorben Juli 1937 bei Brunete (Spanien)

Michael Bazil war Mitglied der sozialdemokratischen Freien Gewerkschaften sowie der KPÖ in Innsbruck. 1935 saß er wegen illegaler gewerkschaftlicher Betätigung in Haft. Im Juni 1937 kam Bazil in Spanien an, um als Mitglied der Internationalen Brigaden den Faschismus zu bekämpfen. In der Schlacht bei Brunete in der Nähe von Madrid fiel Michael Bazil im Juli 1937.

Stepanek, Lebenswege Tiroler Spanienkämpfer, S. 42, 51 und 186.

Johann Blassnig

geboren 28.8.1922 in Hopfgarten/Defereggen
gestorben 28.8.1944 in Ditro/Ostungarn

Blassnig war der jüngste Sohn des Schmiedemeisters Hyazinth Blassnig beim Stampf in Hopfgarten. Im Oktober 1941 wurde er zu den Gebirgsjägern nach Villach einberufen. Zu Beginn des Jahres 1942 kam er mit seiner Einheit nach Norwegen und wurde bald darauf an die Ostfront in die Nähe von Stalingrad versetzt. Nach einer schweren Verwundung im Jahre 1942 konnte er einen kurzen Urlaub in der Heimat verbringen. Während eines erneuten Einsatzes an der Ostfront versuchte Blassnig, sich gemeinsam mit einigen Kameraden in das Hinterland abzusetzen, wurde jedoch von der Feldgendarmerie festgenommen und als Deserteur am 8. Dezember 1943 dem Kriegsgericht vorgeführt. Einer Eintragung der Gendarmeriechronik Huben zufolge lautete das Urteil auf acht Jahre Haft, abzubüßen nach Kriegsende. Blassnig wurde der Bewährungskompanie der 1. Panzer-Armee/46. Infanteriedivision zugeteilt und starb an seinem 22. Geburtstag bei Kampfhandlungen im östlichen Ungarn.

Gendarmeriechronik Huben, 31.12.1943.
«Heldenbuch» der Gemeinde Hopfgarten/Defereggen.
Auskunft WASt (Deutsche Dienststelle für die Benachrichtigung der nächsten An-
gehörigen von Gefallenen der ehemaligen deutschen Wehrmacht), 10.6.2015.

Anton Bodenwinkler

geboren 22.9.1911 in Lienz
gestorben 11.2.1940 im KZ Mauthausen

Anton Bodenwinkler lebte in Innsbruck und gehörte den Zeugen Jehovas an. Er wurde am 22. Februar 1939 verhaftet und am 2. Juni
1939 in das KZ Dachau gebracht. Am 29. September 1939 überstellte
man ihn mit einer größeren Gruppe von Häftlingen in das KZ Mauthausen, wo er am 11. Februar 1940 starb. Ob seine Verhaftung mit
einer Einberufung und der folgenden Wehrdienstverweigerung zu-
sammenhängt, ist nicht bewiesen, aber naheliegend. In Mauthausen
wurde, mehrfachen Aussagen zufolge, den Zeugen Jehovas bei ihrer
Einlieferung eine «Verpflichtungserklärung» vorgelegt, die ihnen die
Freiheit versprach, falls sie sich den Anforderungen des nationalsozialistischen Staates fügten. Es ist daher mit großer Wahrscheinlichkeit
anzunehmen, dass auch Anton Bodenwinkler zu jenen Zeugen Jehovas zählt, die wegen ihrer Nichtanerkennung des Staates zu Opfern
des Dritten Reiches wurden.

Jehovas Zeugen Österreich, Geschichtsarchiv, Auskunft zu Anton Bodenwinkler.
Achrainer, Zeugen.

Alois Brunner

geboren 2.1.1907 in Matrei am Brenner
gestorben 9.9.1943 in München-Stadelheim

Josefine Brunner

geboren 26.2.1909 in Innsbruck
gestorben 9.9.1943 in München-Stadelheim

1935 bezogen Josefine Ragnes
und Alois Brunner eine gemeinsame Wohnung in Wörgl, 1938
heirateten sie. Alois Brunner
war seit Mitte der 1920er Jahre
Mitglied der Sozialistischen Arbeiterjugend, ab 1929 der Sozial-
demokratischen Arbeiterpartei und des Republikanischen Schutzbundes. 1926 saß er das erste Mal für seine politische Gesinnung im
Gefängnis. Er nahm an den Februar-Kämpfen 1934 teil und wurde deshalb zur Verbüßung einer achtmonatigen Haftstrafe im Gefangenenhaus in Stein a. d. Donau verurteilt. Wenige Wochen nach seiner

Freilassung stand er wegen des Besitzes bzw. der «Empfangnahme und Weitergabe von sozialdemokratischen Flugblättern» wieder vor Gericht. Das Ehepaar engagierte sich während des Austrofaschismus bei den Revolutionären Sozialisten. 1933 lernten Alois Brunner und seine Frau Josefine, die seit 1932 der SPÖ angehörte, den bayrischen Sozialdemokraten Waldemar von Knoeringen kennen, der seit 1935 die Widerstandsgruppe «Neu Beginnen» im süddeutschen und öster-reichischen Raum aufbaute. Ab 1937 verlagerte sich der Schwerpunkt der Widerstandstätigkeit von Josefine und Alois Brunner in Zusam-menarbeit mit von Knoeringen von der Opposition gegen den Austro-faschismus zum Kampf gegen den Nationalsozialismus. Alois Brunner übernahm die Stützpunktleitung in Wörgl. Wegen seiner politischen Vorstrafen war es in erster Linie Josefine Brunner, die umfangreiche Kurierdienste im Rahmen eines Netzes von sozialdemokratischen Wi-derstandsgruppen zwischen Tirol, Augsburg, München, Salzburg und Wien leistete. Zu diesem Zweck war sie 1937 in der Tschechoslowa-kei in der Handhabung chemischer und photographischer Techniken geschult worden. Das Ehepaar Brunner war jahrelang eine der Dreh-scheiben des weit über Tirol hinaus verzweigten sozialdemokratischen Widerstandes der von Knoeringen inspirierten Gruppen. Regelmäßige Berichte über die politischen, wirtschaftlichen und militärischen Ver-hältnisse bildeten einen Schwerpunkt ihrer konspirativen Tätigkeit. Der Transport einer geringfügigen Menge von Eisenfeilspänen für die mögliche Sabotage von Eisenbahnwaggons und sechs Pistolen von Augsburg nach Wörgl wurde Josefine Brunner als besonders erschwe-rend zur Last gelegt. Es waren die innerhalb der Organisation sehr umstrittenen Kontakte der Salzburger Gruppe zur seit längerem unter Beobachtung der Gestapo stehenden KPÖ, die schließlich ab Anfang 1942 zur Verhaftung von über 200 Mitgliedern der Revolutionären So-zialisten führten. Am 16. Mai 1942 wurden Josefine und Alois Brunner festgenommen. Nach mehr als einem Jahr Gestapohaft verkündete der Volksgerichtshof nach der Hauptverhandlung in Innsbruck am 28. Mai 1943 für beide das Todesurteil wegen Feindbegünstigung und ihrer führenden Stellung bei der Errichtung einer Organisation mit hoch-verräterischen Bestrebungen im Sinne der illegalen Sozialdemokra-tischen Partei. Die letzten Wochen ihres Lebens verbrachten Josefine und Alois Brunner im Gefängnis München-Stadelheim, wo sie, ohne sich sehen zu dürfen, am 9. September 1943 hingerichtet wurden.

Hormayr, Josefine Brunner, S. 98-105.
Online-Datenbank. DeGruyter. Anklage 7J 421/42g und Urteil 6H 63/43 -- 7J 421/42g.
Widerstand und Verfolgung in Tirol 1, S. 156-164.

Matthäus Burgstaller

geboren 10.9.1880 in Pichl bei Wels (Oberösterreich)
gestorben 9.10.1944 in Berlin

Matthäus Burgstaller war gelernter Schuhmacher, nahm am Ersten Weltkrieg teil und arbeitete schließlich als Amtsdiener bei der Tiroler Landesregierung. 1933 trat er den Zeugen Jehovas bei. Nach dem «Anschluss» Österreichs verweigerte er als Zeuge Jehovas den neuen Diensteid und wurde daraufhin pensioniert. Während sich seine Frau Johanna unter den im August 1940 vom Sondergericht Innsbruck verurteilten Zeugen Jehovas befand, blieb Matthäus Burgstaller damals verschont. Im Jahr 1942 jedoch übernahm er auf Veranlassung von Narciso Riet einen wichtigen Platz im Herstellungs- und Verteilungssystem des illegalen «Wachtturms». Seit 1942 war Burgstaller zunächst Verteiler des «Wachtturms» in Innsbruck. 1943 übernahm er die Aufgabe, einen Abziehapparat und Papier von München nach Sachsen zu transportieren, wo der «Wachtturm» hergestellt wurde. Mehrmals brachte er Manuskripte, die er von Riet erhalten hatte, nach Dresden zur Vervielfältigung und nahm auf der Rückreise die fertigen Schriften mit, von denen er einen Teil der Münchner Gruppe brachte, den anderen Teil in Innsbruck selbst verteilte bzw. zur Weiterleitung in andere österreichische Gaue weitergab. Daneben übernahm er Kurierdienste und die Verteilung von Geldern, zuletzt verhalf er Riet zur Flucht nach Italien. Die Verteilerkette des «Wachtturms» wurde im Sommer 1943 enttarnt, das Ehepaar Burgstaller am 16. August 1943 verhaftet.

Der 3. Senat des Volksgerichtshofs sah in Burgstallers Tätigkeit – aufgrund des Inhaltes des «Wachtturms» und der staats- und wehrfeindlichen Haltung der Zeugen Jehovas – «Wehrkraftzersetzung». Matthäus Burgstaller wurde zusammen mit drei weiteren Angeklagten zum Tod verurteilt; das Gericht betrachtete sie als «erbitterte Reichsfeinde». Die übrigen Angeklagten erhielten hohe Haftstrafen, darunter Johanna Burgstaller mit vier Jahren Zuchthaus. Das Todesurteil gegen Matthäus Burgstaller wurde am 9. Oktober 1944 in Berlin vollstreckt.

Online-Datenbank. DeGruyter. Anklage 6J 85/44, Urteil 3L 420/44 -- 6J 85/44.
Jehovas Zeugen Österreich, Geschichtsarchiv,
Personenunterlagen Matthäus Burgstaller.
Tiroler Landesarchiv, Opferfürsorgeakt Johanna Burgstaller.

Walter Caldonazzi

geboren 3.6.1916 in Mals (Südtirol)
gestorben 9.1.1945 in Wien

Ing. Walter Caldonazzi gehörte seit seiner Gymnasialzeit in Kufstein der katholischen Mittelschulverbindung Cimbria an. Während seines Studiums trat er der katholischen Hochschulverbindung Amelungia bei. Vor 1938 war Caldonazzi Mitglied der Heimwehr. Er engagierte sich führend beim Aufbau einer Widerstandsgruppe in Wien, die das Ziel verfolgte, Mitglieder aus allen politischen Lagern zu sammeln und einen selbstständigen, monarchistisch regierten Staat Österreich unter Einschluss von Bayern und Südtirol zu bilden. Caldonazzi initiierte eine Zelle dieser Widerstandsgruppe in Kramsach, die sich aus Arbeitern und Angestellten des Messingwerkes Achenrain (spätere Raspe-Werke) zusammensetzte. Auch sein Vater Rudolf betätigte sich aktiv. Caldonazzi beschmierte das Haus eines Deutschen in Wien mit der Parole: «Österreich den Österreichern! Piefke hinaus! Nazibonze!» Er besorgte Wehrmachtsangehörigen ein fiebertreibendes Mittel, um so ihre Rückkehr an die Front zu verhindern. Darüber hinaus verfertigte Caldonazzi Pläne von Rüstungsbetrieben, um den Alliierten lohnende Ziele für Bombardierungen zu verraten. Er wurde am 25. Februar 1944 festgenommen. Der Volksgerichtshof verurteilte Caldonazzi nach den Hauptverhandlungen am 27. und 28. Oktober 1944 wegen der Vorbereitung zum Hochverrat, der Feindbegünstigung, der Spionage und der Wehrkraftzersetzung zum Tode. Walter Caldonazzi wurde am 9. Jänner 1945 in Wien mit dem Fallbeil hingerichtet.

Online-Datenbank. De Gruyter. Anklage 6J 158/44g und
Urteil 5H 96/44 , 5H 100/44 -- 6J 158/44g , 6J 165/44g.
Hormayr, «Die Zukunft wird unser Sterben einmal anders beleuchten», S. 130-136.

Viktor Czerny

geboren 24.6.1896 in Prerau (Tschechien)
gestorben 2.5.1945 in Ried im Oberinntal

Ing. Viktor Czerny arbeitete seit 1938 als Forstmeister in Ried im Oberinntal. Im April 1945 war er führend am Aufbau einer Widerstandsgruppe im dortigen Gerichtsbezirk beteiligt. Anfang Mai 1945 plante die Gruppe eine Aktion zur Entmachtung der lokalen NS-Führung. Parteifunktionäre, Bürgermeister und Ortsgruppenleiter sollten verhaftet werden. Als jedoch die Parteistellen in Ried und Landeck

Kenntnis von den Plänen erhielten, kam es zu einer Verhaftungsaktion gegen die führenden Männer der Widerstandsgruppe. In der Nacht vom 2. auf den 3. Mai 1945 wurde das Haus Czernys umstellt und dieser beim Versuch zu flüchten erschossen.

Hormayr, «Die Zukunft wird unser Sterben einmal anders beleuchten», S. 222-225.
Zeugen des Widerstandes, S. 21.
Tiroler Landesarchiv, Opferfürsorgeakt Theodora Czerny.
Widerstand und Verfolgung in Tirol 2, S. 543-550.

Alfons Degasperi

geboren 26.3.1901 in Gleno (Trentino)
vermisst seit Jänner 1938 bei Teruel (Spanien)

Alfons Degasperi zog 1921 nach Tirol. In Innsbruck war er Mitglied der Sozialdemokratischen Partei und des Republikanischen Schutzbundes. Während des Austrofaschismus betätigte sich Degasperi für die Revolutionären Sozialisten. Im Juli 1937 kam er in Spanien an. In der Schlacht gegen die Franco-Truppen bei Teruel in Aragonien wurde Alfons Degasperi im Jänner 1938 verwundet. Seither gilt er als vermisst. 1951 wurde er offiziell für tot erklärt.

Stepanek, Lebenswege Tiroler Spanienkämpfer, S. 42, 47, 51, 127f, 188 und 207.

Helene Delacher

geboren 25.8.1904 in Burgfrieden bei Lienz
gestorben 12.11.1943 in Berlin-Plötzensee

Helene Delacher wuchs in Osttirol auf, bis 1930 arbeitete sie in der Landwirtschaft ihrer Eltern. Anschließend war sie bis 1934 als Küchenmädchen im Krankenhaus Hall tätig. 1936 lernte sie Alois Hochrainer kennen, mit dem sie ab Ende 1937 im gemeinsamen Haushalt in Innsbruck lebte, sie galten als Verlobte. Helene Delacher wandte sich den Zeugen Jehovas zu und trat 1938 aus der katholischen Kirche aus; getauft wurde sie im Jahr 1939. An Stelle einer Eheschließung gaben sich Delacher und Hochrainer ein Treueversprechen vor der Versammlung der Zeugen Jehovas. Helene Delacher war stark schwerhörig und wurde wohl deshalb mehrfach als geistig beschränkt beschrieben. An den geheimen Versammlungen der Zeugen Jehovas nahm sie aufgrund ihrer Schwerhörigkeit nur selten teil, trotzdem wurde sie gemeinsam mit Hochrainer und zehn weiteren Mitgliedern der Zeugen Jehovas aus Innsbruck am 13. Juni 1940 verhaftet und vom Sondergericht Innsbruck abgeurteilt: Die Glaubensgemeinschaft galt als «wehrfeindliche Verbindung». Delacher wurde am 28. August 1940 nach der Wehrkraftschutzverordnung zu acht Monaten Haft verurteilt, die sie wahrscheinlich zur Gänze verbüßte. Hochrainer, dessen Strafe auf zehn Monate bemessen worden war, musste 1942 in seine Südtiroler Heimat zurückkehren. Ein Treffen des Paares auf der St. Weinberalm in der Nähe der deutsch-italienischen Grenze wurde Delacher zum Verhängnis. Trotz der Warnung eines Glaubensgenossen ließ sie sich offenbar dazu überreden, sechs Nummern des verbotenen «Wachtturms» mitzunehmen, von denen eine aus einer von ihr selbst angefertigten handschriftlichen Abschrift bestand. Auf dem Weg zur Alm fiel sie durch ihr ängstliches Benehmen auf und wurde von der Grenzpolizei angehalten, ihr Gepäck untersucht und anschließend verhaftet. Sowohl bei Einvernahmen durch die Gestapo wie durch den Untersuchungsrichter als auch in der Hauptverhandlung vor dem Volksgerichtshof bekannte sich Delacher zu den Grundsätzen ihres Glaubens; auf die Frage des Gerichts, ob sie bereit sei, in einer Munitionsfabrik zu arbeiten, erklärte sie, das stünde in Widerspruch zu ihrem Glauben. Der Volksgerichtshof schloss daraus, dass Helene Delacher die Lehre der Bibelforscher durchaus verstanden habe und keineswegs eine Unzurechnungsfähigkeit vorliege. Dass sie den «Wachtturm» über die Grenze bringen wollte, wertete das Gericht als Kuriertätigkeit; erschwerend war die bereits erfolgte Vorstrafe. Der 6. Senat verhängte am 4. Oktober 1943 das Todesurteil wegen Wehrkraftzersetzung. Helene Delachers Abschiedsbrief an Hochrainer enthält den Satz: «Es hat halt so sein wollen, daß [es] so kommt. Ist halt doch besser dem Herrn treu bleiben.» Helene Delacher wurde am 12. November 1943 in Berlin-Plötzensee hingerichtet. Sie wurde auf Initiative der österreichischen Zeugen Jehovas im November 1999 durch das Landesgericht Wien formell rehabilitiert.

Jehovas Zeugen Österreich, Geschichtsarchiv, Personenunterlagen Delacher Helene.
Online-Datenbank. DeGruyter. Anklage 8J 131/43, Urteil 6L 154/43 -- 8J 131/43.
Tiroler Landesarchiv, Sondergericht Innsbruck, KLs 46/40.

Heinrich Depaoli

geboren 20.12.1903 in Innsbruck
gestorben 11.8.1942 im KZ Flossenbürg

Heinrich Depaoli saß bereits 1935 so wie sein Bruder Albert für einige Zeit im landesgerichtlichen Gefängnis in Innsbruck ein, weil ihm mit zehn weiteren Angeklagten vorgeworfen wurde, den Zusammenschluss ehemaliger SozialdemokratInnen und KommunistInnen bei den Revolutionären Sozialisten betrieben zu haben. Ein Strafverfahren unterblieb jedoch, da ihm nur illegale Handlungen nachgewiesen werden konnten, die bereits verjährt waren. Am 11. Juli 1938 erfolgte seine Verhaftung durch die Gestapo, weil er in Verbindung mit zwei Wiener KP-FunktionärInnen wieder eine illegale Organisation der KPÖ in Innsbruck errichten wollte. In der Hauptverhandlung am 12. Mai 1939 wurde Depaoli vom Volksgerichtshof in Berlin wegen Vorbereitung zum Hochverrat zu drei Jahren Zuchthaus verurteilt. Ein Gnadenerweis wurde abgelehnt, da es sich bei ihm «um einen verbissenen Kommunisten» handeln würde. Heinrich Depaoli verstarb am 11. August 1942 im Konzentrationslager Flossenbürg.

Online-Datenbank. De Gruyter. Informationen des
Geheimen Staatspolizeiamtes – Nr. 13 (19.7.1938).
Hormayr, «Die Zukunft wird unser Sterben einmal anders beleuchten», S. 163-165.
Widerstand und Verfolgung in Tirol 1, S. 20-22 und 138.
Zeugen des Widerstandes, S. 24.

Johann Desch

geboren 29.7.1897 in Mariatal bei Kramsach
gestorben 25.8.1940 im KZ Dachau

Johann Desch gehörte zu den Zeugen Jehovas und lebte in Maurach am Achensee. Er wurde im Jänner 1939 zur Musterung einberufen, verweigerte aber die Unterschrift unter den Wehrpass. Am 23. Jänner 1939 wurde er deswegen verhaftet und zwei Monate später in das KZ Dachau eingeliefert, wo er auf seinen Bruder Franz Desch traf. Diesem hatte Johann Desch selbst am 31. August 1938, als Franz einberufen wurde, zugesprochen, den Wehrdienst zu verweigern. Im September 1939 wurden die Brüder mit anderen Häftlingen nach Mauthausen überstellt, wo man ihnen die Freilassung anbot, falls sie die Regierung anerkennen und im Kriegsfall Deutschland mit der Waffe verteidigen würden sowie sich einer Betätigung für die Bibelforscher enthielten. Die Brüder Desch verweigerten dies. Johann Desch war bereits geschwächt und wurde mit mehreren Invaliden wieder nach Dachau gebracht, wo er am 25. August 1940 an den Folgen der Unterernährung starb.

Jehovas Zeugen Österreich, Geschichtsarchiv, Auskunft zu
Johann Desch, Personenunterlagen Josef Hechenblaikner.
Tiroler Landesarchiv, Opferfürsorgeakt Berta Desch.
Widerstand und Verfolgung 2, S. 379-382.
Achrainer, Zeugen.

Ferdinand Eberharter

geboren 25.2.1918 in Kaltenbach
gestorben 3.5.1945 in Schwaz

Ferdinand Eberharter maturierte 1937 am Akademischen Gymnasium in Innsbruck und meldete sich beim Bundesheer als Einjährig-Freiwilliger. Als Wehrmachtssoldat wurde er bei einem Einsatz in Norwegen schwer verletzt. Als Kriegsbeschädigter absolvierte er in einem Studienurlaub das Studium der Bodenkultur und wurde Forstingenieur. Eberharter, der aus seiner Gegnerschaft zum Nationalsozialismus nie einen Hehl machte, kam 1944 in Kontakt mit der Tiroler Widerstandsbewegung. Er stellte die Verbindung zu Zillertaler Partisanengruppen her und wurde Ende April 1945 mit der Führung von Einheiten im Kampf gegen die SS beauftragt. Im Zuge einer Einsatzfahrt wurde er am 3. Mai 1945 bei Schwaz von einer durch SS-Männer geworfenen Handgranate tödlich verletzt.

Hormayr, «Die Zukunft wird unser Sterben einmal anders beleuchten», S. 228-230.
Zeugen des Widerstandes, S. 24f.
Tiroler Landesarchiv, Opferfürsorgeakt Anna Eberharter.
Widerstand und Verfolgung in Tirol 2, S. 528f, 533.

Rudolf Eder

geboren 20.2.1906 in Innsbruck
vermisst seit 1937 in Spanien

Rudolf Eder engagierte sich während des Austrofaschismus illegal für die KPÖ. 1934 und 1935 verbüßte er mehrmonatige Haftstrafen wegen Flugzettelstreuens und wegen seiner Aktivität bei der «Roten Hilfe». Im März 1936 wurde Eder als einer der Leiter des Kommunistischen Jugendverbandes abermals zur Anzeige gebracht. Mitte Mai 1937 ging er nach Spanien, um sich den Internationalen Brigaden im antifaschistischen Kampf gegen Francos Truppen anzuschließen. Seitdem gilt Rudolf Eder als vermisst.

Stepanek, Lebenswege Tiroler Spanienkämpfer, S. 188.
Widerstand und Verfolgung in Tirol 1, S. 93 und 98-100.

Johann Erler

geboren 8.2.1894 in Landwerfen (Salzburg)
gestorben nach dem 29.7.1941 vermutlich im KZ Sachsenhausen

Johann Erler lebte in Arzl bei Innsbruck. Im Juni 1937 begab er sich nach Spanien, um dem Faschismus Widerstand zu leisten. 1938 wurde Erler nach einer Verwundung nach Frankreich evakuiert und geriet in die Hände der Gestapo. Vom 19. April bis 18. Juli 1941 war er in Innsbruck in Haft, am 29. Juli kam er im KZ Sachsenhausen an. Dort verstarb er, vermutlich wurde er «auf der Flucht erschossen». 1964 wurde Johann Erler offiziell für tot erklärt.

Stepanek, Lebenswege Tiroler Spanienkämpfer, S. 42, 100f und 189.

Peter Falkner

geboren 17.10.1908 in Sölden
gestorben 25.7.1945 in unbekannt

Peter Falkner arbeitete als Postchauffeur in Zwieselstein im Ötztal. Als sich im Ötztal schon bald nach der Machtübernahme der Nazis eine Widerstandsgruppe aus politisch Verfolgten und von der Wehrmacht desertierten Soldaten bildete, hatte Falkner bei dieser Organisation eine leitende Funktion und unterstützte die Gruppe auch finanziell. Die Bewegung hatte im gesamten Ötztal starken Zulauf. Die Mitglieder der Widerstandsgruppe organisierten Waffen, versteckten sich in Waldbunkern und unterstützten Fahnenflüchtige und Deserteure. Sie beteiligten sich in den letzten Kriegstagen aktiv an der Befreiung vom NS-Regime. Peter Falkner erlebte zwar noch die Befreiung Tirols, starb aber am 25. Juli 1945 an den Folgen der dauernden Strapazen, denen die Mitglieder der Widerstandsgruppe ausgesetzt waren.

Zeugen des Widerstandes, S. 26.
Molden, Der Ruf des Gewissens, S. 126f.
Rot-Weiß-Rot-Buch, S. 218ff.
Widerstand und Verfolgung in Tirol 2, S. 555f und 558.

Georg Fankhauser

geboren 17.4.1916 in Tux
gestorben 11.12.1944 in unbekannt

Georg Fankhauser stand 1944 als Wehrmachtssoldat im Fronteinsatz in Finnland. Aufgrund seiner christlichen Überzeugung lehnte er den Wehrdienst innerlich ab. Während eines russischen Angriffs verließ er gemeinsam mit fünf Kameraden seine Stellung. Obwohl er zwei Tage später zur Einheit zurückkehrte, wurde er von seinem Kompaniechef den zuständigen Stellen gemeldet. Während des Verfahrens beim Kriegsgericht wurde auch eine Stellungnahme der Parteistelle der Heimatgemeinde eingefordert. Der Ortsgruppenleiter attestierte der Familie «politische Unzuverlässigkeit». Der Obergefreite Georg Fankhauser wurde am 11. November 1944 vom Feldkriegsgericht zum Tode verurteilt. Das Urteil wurde am 11. Dezember 1944 vollstreckt und Fankhauser auf dem Friedhof Valnesfjord in Norwegen bestattet. In einem Abschiedsbrief schrieb er an seine Familie: «Ich bin heute nun am Ziele meines Lebens und nehme von Euch, meine Lieben, von dieser Welt Abschied (…). Gott schütze Euch alle für alle Zeiten; mir war ein hartes Los auferlegt, bin aber einerseits froh, daß ich für immer erlöst bin.»

Hormayr, «Die Zukunft wird unser Sterben einmal anders beleuchten», S. 162-164.
Zeugen des Widerstandes, S. 26f.
Tiroler Landesarchiv, Opferfürsorgeakt Maria Fankhauser.
Widerstand und Verfolgung in Tirol 2, S. 513f.

Ernst Federspiel

geboren 4.10.1924 in Innsbruck
gestorben 21.4.1945 in Innsbruck

Ernst Federspiel wuchs in einer aktiven antifaschistischen und kommunistischen Familie auf. Seine Eltern Nikolaus und Elisabeth Federspiel engagierten sich für die Kommunistische Partei und wurden deswegen bereits während der Zeit des Austrofaschismus und dann im Nationalsozialismus verfolgt. Ernst Federspiel betätigte sich schon in jungen Jahren politisch für die verbotene Kommunistische Partei. So erledigte er Kurierdienste zwischen Innsbruck und München und nahm 1942 in München an einem illegalen Parteikongress teil. Im Mai 1942 wurde Ernst Federspiel zusammen mit seinen Eltern, seiner Schwester und seinem Neffen von der Gestapo verhaftet. Wenig später wurde er zur Wehrmacht einberufen, desertierte aber aufgrund seiner politischen Gegnerschaft zum Nationalsozialismus. Nach einer ersten unerlaubten Entfernung von seiner Truppe wurde er vom Wehrmachtsgericht Klagenfurt zu acht Monaten Gefängnis verurteilt, konnte aber noch vor Antritt der Haft zu seiner Braut nach Innsbruck fliehen. Ernst Federspiel versuchte, sich in weiterer Folge vor den Behörden versteckt zu halten und in die Schweiz zu fliehen. Nach einer neuerlichen Verhaftung brachte er sich selber eine Schussverletzung bei und konnte während des folgenden Lazarettaufenthalts abermals fliehen. Auch neuerlichen Verhaftungen in den Jahren 1943 und 1944 konnte er sich durch Fluchtversuche mit Hilfe seiner Angehörigen entziehen. Gemeinsam mit einem Bekannten versuchte er im Jahr 1944, Kontakt zu Partisanengruppen in Kärnten und der Steiermark herzustellen. Am 6. September 1944 wurde Federspiel zusammen mit seiner Braut und deren Mutter, die ihn bei der Flucht unterstützt hatten, in Klagenfurt verhaftet. Federspiels Eltern, seine Schwester, seine Braut, deren Mutter und noch weitere Fluchthelfer wurden in der Folge zu unterschiedlich langen Haftstrafen verurteilt.

Das Militärgericht verurteilte Ernst Federspiel wegen Fahnenflucht zum Tode. Militärorgane vollstreckten das Urteil durch Erschießen am 21. April 1945 im Steinbruch am Paschberg in Innsbruck.

Müller, «Die Vergessenen vom Paschberg», S. 176-183.
Rabofsky, Die Widerstandstat, S. 236ff.
Tiroler Landesarchiv, Opferfürsorgeakt Genovefa Flatscher und
Hannelore Flatscher-Ecker.
Widerstand und Verfolgung in Tirol 1, S. 559f.
Widerstand und Verfolgung in Tirol 2, S. 516.

Nikolaus Federspiel

geboren 27.10.1888 in Laatsch (Südtirol)
gestorben 10.3.1945 im Zuchthaus Bruchsal (Baden-Württemberg)

Nikolaus Federspiel und seine Frau Elisabeth, die er 1921 heiratete, waren bereits seit den 1920er Jahren politisch aktiv. So trat Elisabeth Federspiel 1919 der Sozialistischen Partei bei und wechselte 1921 zur KPÖ. Auch Nikolaus Federspiel war Mitglied der 1933 von den Austrofaschisten verbotenen Kommunistischen Partei. Schon vor der Machtergreifung der Nationalsozialisten war die Familie politischen Repressionen ausgesetzt. Nach 1938 kam es zu wiederholten Anzeigen und Einvernahmen durch die Gestapo. Im Mai 1942 wurden Nikolaus Federspiel, seine Frau und seine Tochter, sowie sein Sohn und der Enkel wegen Verdachts kommunistischer Betätigung verhaftet. Federspiel wurde am 6. August 1943 erneut verhaftet und zusammen mit seiner Ehefrau vom Sondergericht Innsbruck verfolgt, weil sie ihren fahnenflüchtigen Sohn Ernst und weitere Genossen unterstützt hatten. Er wurde dafür am 24. Jänner 1944 vom Sondergericht Innsbruck wegen Zersetzung der Wehrkraft und Beihilfe zur Fahnenflucht zu zweieinhalb Jahren, seine Frau zu eineinhalb Jahren Zuchthaus verurteilt. Am 25. Februar 1944 wurde Nikolaus Federspiel in das Zuchthaus Bruchsal überstellt, wo er am 10. März 1945 infolge schwerer Misshandlungen starb.

Zeugen des Widerstandes, S. 27.
Rabofsky, Die Widerstandstat, S. 236 und 239.
Tiroler Landesarchiv, Opferfürsorgeakt Genovefa
Flatscher und Hannelore Flatscher-Ecker.
Widerstand und Verfolgung in Tirol 2, S. 507 und 516.

Alois Flatscher

geboren 31.1.1894 in Schlaiten (Osttirol)
gestorben 31.7.1944 in unbekannt

Alois Flatscher war bis zum März 1938 Landesreferent der «Vaterländischen Front». Nach dem «Anschluss» wurde er seines Postens ent-

hoben. Am 23. Oktober 1942 wurde er aus politischen Gründen von der Gestapo verhaftet und im Gefängnis des Landesgerichts Innsbruck inhaftiert. Von 17. Dezember bis 8. Jänner 1943 war er im so genannten Arbeitserziehungslager Reichenau in Gestapohaft und wurde anschließend ins KZ Dachau überstellt. Von dort wurde er am 28. Jänner 1944 ins KZ Lublin gebracht, wo sich die Spur verliert. Wie das Landesgericht Innsbruck in einem Beschluss vom 31. Oktober 1950 festhält, muss davon ausgegangen werden, dass Josef Flatscher bei der Verlegung des KZ Lublin nach Auschwitz ums Leben kam.

Hormayr, «Die Zukunft wird unser Sterben einmal anders beleuchten», S. 206-208.
Tiroler Landesarchiv, Opferfürsorgeakt Marianne Flatscher.

Franz Frank

geboren 28.11.1902 in Tiefenbach (Niederösterreich)
gestorben 10.7.1937 bei Brunete (Spanien)

Franz Frank lebte in Hötting und war Mitglied der sozialdemokratischen Freien Gewerkschaften, des Republikanischen Schutzbundes und der KPÖ, deren Tiroler Landesobmann er 1932 wurde. Mitte Mai 1937 schlug er sich nach Spanien durch, wo er von den Franco-Truppen in der Schlacht bei Brunete am 10. Juli 1937 getötet wurde.

Stepanek, Lebenswege Tiroler Spanienkämpfer, S. 25, 42, 48, 51, 176, 190 und 196.

Oskar Frank

geboren 10.12.1891 in Innsbruck
gestorben 25.2.1945 im KZ Gusen

Oskar Frank, Mitglied der Sozialdemokratischen Partei, behielt seine Gesinnung auch nach der NS-Machtübernahme bei. Am 1. August 1941 wurde er mit seinem ebenfalls sozialdemokratisch eingestellten Arbeitskollegen Edmund Burger verhaftet. Das Oberlandesgericht Wien verurteilte beide wegen des Abhörens von Feindsendern und des Verbreitens von Feindnachrichten am 15. September 1941 zu sieben Jahren Zuchthaus. Zudem wurde ihnen Vorbereitung zum Hochverrat wegen der Förderung des Kommunismus zur Last gelegt. Frank und Burger hatten den NS-Staat kritisiert und die Verhältnisse in der Sowjetunion als besser eingeschätzt. Oskar Frank starb am 25. Februar 1945 in der Krankenbaracke des KZ Gusen angeblich an «Herzmuskelschwäche und Lungenentzündung».

Holzner, Zeugen des Widerstandes, S. 28.
Online-Datenbank. De Gruyter. Verfahren OJs 151/41.
Tiroler Landesarchiv, Opferfürsorgeakt Johann Frank.

Sepp Gangl

geboren 12.9.1910 in Obertraubling (Bayern)
gestorben 5.5.1945 in Itter

Josef Gangl, Major in der Deutschen Wehrmacht, war mit seinen Einheiten in den letzten Kriegswochen in den Raum Wörgl verlegt worden. Gangl trat in Kontakt mit der dortigen Widerstandsgruppe. Am 4. und 5. Mai 1945 sollte Schloss Itter, damals eine Außenstelle des KZ Dachau, in der eine größere Zahl von vor allem prominenten französischen Politikern gefangen gehalten wurde, in einer gemeinsamen Aktion der Widerstandsgruppe mit Einheiten der US-Armee und einer von Major Gangl geführten Wehrmachtstruppe befreit werden. Dabei kam es zu Kampfhandlungen mit versprengten SS- und Wehrmachtseinheiten und Angehörigen der Hitlerjugend. Am 5. Mai 1945 wurde Josef Gangl am Schlosstor durch eine Kugel tödlich verletzt.

Hormayr, «Die Zukunft wird unser Sterben einmal anders beleuchten», S. 233-235.
Gwiggner, Jahre voller Sorge, S. 313f.
Zeugen des Widerstandes, S. 28.
Sommerauer/Tschugg/Schlosser, Rundgang durch Itter in Tirol, S. 79f.
Widerstand und Verfolgung in Tirol 2, S. 594-600.

Jakob Gapp

geboren 26.7.1897 in Wattens
gestorben 13.8.1943 in Berlin-Plötzensee

Jakob Gapp trat 1920 in den oberösterreichischen Orden der Marianisten ein. Vor allem als Religionsprofessor bekämpfte er schon früh die Lehren des Nationalsozialismus, den er als Todfeind der katholischen Kirche betrachtete. Bereits im März 1938 geriet er erstmals mit dem NS-Regime in Konflikt, da er im Privatrealgymnasium des Marieninstituts in Graz die Ableistung des Hitler-Grußes verweigerte und kein Hakenkreuzabzeichen trug. Die Ordensleitung empfand die oppositionelle NS-Haltung Gapps als Gefahr für den Orden, der sich um ein Auskommen mit den neuen Machthabern bemühte. Gapp kehrte aus diesem Grund im September 1938 als Kooperator und Katechet nach Breitenwang in Tirol zurück. In Reutte erteilte er in der Volks- und Hauptschule den Religionsunterricht. Nachdem er dort das Gebot der Nächstenliebe ohne Rücksicht auf Nationalität und Religion propagierte und sich laut späterer Anklageschrift als «Judenfreund

und Gegner des Führers» zu erkennen gegeben hatte, erhielt er ein allgemeines Unterrichtsverbot. Im Dezember 1938 verurteilte er in einer Predigt in der Pfarrkirche Wattens das nationalsozialistische Weltbild scharf und musste daraufhin Tirol verlassen. Nach einem kurzen Aufenthalt in einer Niederlassung seines Ordens in Bordeaux floh er im Mai 1939 nach Spanien. Auch dort predigte er gegen den Nationalsozialismus und verteilte Broschüren mit englischen Rundfunknachrichten über die Kriegsereignisse. Getarnte deutsche Agenten entführten Gapp schließlich in das von der Wehrmacht besetzte Frankreich, wo er am 9. November 1942 von der Gestapo verhaftet und nach Berlin gebracht wurde. Roland Freisler, der Präsident des Volksgerichtshofes, leitete den späteren Prozess. «Wer so die Stimme des Blutes in sich verrät, wer alles daran setzt, (...) Deutschlands Feinden zu helfen», müsse mit dem Tode bestraft werden, hieß es in der Urteilsbegründung. Am 13. August 1943 wurde Jakob Gapp in der Haftanstalt Berlin-Plötzensee hingerichtet. Im November 1996 erfolgte die Seligsprechung Gapps.

Zeugen des Widerstandes, S. 29ff.
Kunzenmann, P. Jakob Gapp SM.
Schreiber, Nationalsozialismus und Faschismus in Tirol und Südtirol, S. 311f.
Widerstand und Verfolgung in Tirol 2, S. 242.

Johann Gasser

geboren 19.8.1884 in Innsbruck
gestorben 4.11.1939 im KZ Mauthausen

Johann Gasser galt in seinem Wohnort Mühlbachl bei Matrei als Gegner des Nationalsozialismus und war Angehöriger der Heimatwehr. Mehrmals tätigte er in der Öffentlichkeit abfällige Bemerkungen über führende Persönlichkeiten des NS-Regimes. Gasser wurde am 25. Mai 1939 ins Konzentrationslager Dachau überstellt und von dort am 27. September ins Konzentrationslager Mauthausen. Johann Gasser kam am 4. November in Mauthausen 1939 zu Tode. Als offizielle Todesursache wurden «Arteriosklerose und Gehirnschlag» vermerkt.

Tiroler Landesarchiv, Opferfürsorgeakt Klothilde Gasser.

Alois Graus

geboren 26.11.1897 in Lans
gestorben 5.11.1943 im KZ Gusen

Alois Graus stammte aus einer kinderreichen, ursprünglich Südtiroler Familie. Er arbeitete als Knecht, Zimmermann und Bauhilfsarbeiter

an verschiedenen Orten, bevor er sich in Hopfgarten im Brixental niederließ. Dort war er Obmann der Ortsgruppe der Sozialdemokratischen Partei und Leiter des Republikanischen Schutzbundes. Alois Graus, der seit 1940 zur Bahnpost in Wörgl versetzt wurde, nahm am 2. Juni 1941 erstmals an einer als Wanderung getarnten Zusammenkunft von illegalen Kommunisten teil, bei der Robert Uhrig aus Berlin über die politischen Verhältnisse, die Kriegslage und die illegale Tätigkeit sprach. Alois Graus erwies sich in der Folge neben Anton Rausch als einer der eifrigsten Aktivisten beim Aufbau der Gruppe «Roby» im Unterland. Er organisierte nicht nur Treffen und warb Mitglieder an, sondern fuhr Ende Dezember 1941 sogar nach Berlin, wo er weiter in der illegalen Organisationsarbeit unterwiesen wurde. Die Gruppe «Roby» stand schon seit Herbst 1941 unter Beobachtung der Gestapo. Am 4. Februar 1942 verhaftete diese Alois Graus in Hopfgarten. Auf der Fahrt nach Innsbruck gelang es Graus, über den zufällig im gleichen Zug fahrenden Hans Vogl, die Kufsteiner Gruppe warnen zu lassen. Graus trat im Gestapogefängnis in den Hungerstreik und verweigerte jede Aussage. Nach mehreren Wochen im Konzentrationslager Mauthausen wurde er neuerlich zur Gestapo nach Innsbruck gebracht, wo er schließlich ein «umfassendes Geständnis» ablegte. Dass Graus bei der Gestapo schwer misshandelt wurde, ist durch die Zeugenaussage des stellvertretenden Polizeiarztes bewiesen. Im Gegensatz zu anderen Mitgliedern der Gruppe «Roby» wurde Alois Graus für die Zeit bis zur Anklageerhebung nicht in das KZ Dachau gebracht, sondern in das KZ Mauthausen, das in der «Hierarchie» der Konzentrationslager die höchste Einstufung hatte. Am 5. November 1943 starb Alois Graus im Krankenrevier des Mauthausener Nebenlagers Gusen.

Hormayr, «Ich sterbe stolz und aufrecht», S. 173, 175, 186f., 197, 199-203 und 228-231.
Widerstand und Verfolgung 1, S. 143-150, 542f.
Weinert, «Ich möchte ...» (online-Auszug).

Franz Gruber

geboren 26.10.1906 in Innsbruck
gestorben 1.7.1943 in unbekannt

Franz Gruber war bis zum Verbot der Partei im Jahre 1934 sozialdemokratisch organisiert. In den folgenden Jahren machte er sich mit den Ideen des Kommunismus vertraut. 1940 rückte er zur Wehrmacht ein und nahm am Frankreichfeldzug teil. Am 1941 beginnenden Krieg gegen die Sowjetunion wollte er sich allerdings nicht mehr beteiligen. Als Gruber an die russische Front versetzt werden sollte, desertierte er 1941 nach einem Jahr Wehrdienst. Im Mai 1942 wurde er im Ötztal verhaftet, nach Mannheim gebracht und dort durch das Militärgericht wegen Fahnenflucht, Urkundenfälschung, unbefugten Tragens einer Uniform und wegen Zersetzung der Wehrkraft zu acht-einhalb Jahren Zuchthaus verurteilt. Die Haftstrafe sollte aber erst mit Kriegsende wirksam werden. Bis dahin wurde Franz Gruber in das Militärstraflager Börgermoor im Emsland eingewiesen, wo er am 1. Juli 1943 als verstorben gemeldet wurde.

Zeugen des Widerstandes, S. 37.
Tiroler Landesarchiv, Opferfürsorgeakt Johann Parth.
Widerstand und Verfolgung in Tirol 2, S. 533.

Georg Gruber

geboren 16.1.1915 in Kufstein
gestorben 30.6.1944 in München-Stadelheim

Georg Gruber trat schon als 14-Jähriger der Sozialdemokratischen Arbeiterjugend bei, deren Kassier er war. Mitte Juni 1941 trat Anton Rausch, mit dem er schon seit 1935 bekannt war, an ihn heran, um ihn für die Gruppe «Roby» anzuwerben. Gruber beteiligte sich an der Organisierung eines Treffens in Kufstein und warb selber weitere Mit-glieder an. Er nahm an mehreren Treffen teil und hob ab Anfang 1942 auch Beiträge ein. Obwohl die Gestapo bereits im Februar 1942 meh-rere Brixentaler Mitglieder der Gruppe «Roby» verhaftet hatte, blie-ben die Kufsteiner Mitglieder offenbar noch einige Zeit unentdeckt. Gruber und Adi Horejs, die organisatorisch die Kufsteiner Gruppe führten, stellten im April ihre illegale Tätigkeit ein. Am 25. Juni 1942 wurden schließlich fünf Mitglieder aus Kufstein verhaftet, darunter auch Gruber. Vom 8. Jänner bis 23. September 1943 war Gruber im Konzentrationslager Dachau, anschließend in München-Stadelheim inhaftiert. Der Prozess vor dem Volksgerichtshof fand am 13. und 14. April 1944 in München statt. Der 28-jährige Kufsteiner wurde zum Tod verurteilt. In einem Abschiedsbrief schrieb er: «Mein Freund Hans Vogl und ich verbringen gemeinsam unsere letzten Stunden. Ihr könnt mir glauben, der Tod schreckt uns nicht, ich sterbe nicht schwer. Tausende sterben heute, die nicht wissen, warum – wir ster-ben wenigstens für unsere Überzeugung.»

Online-Datenbank. De Gruyter. Anklage 10(9) J 819/43g,
Urteil 6H 28/44 -- 10(9)J 819/43g.
Hormayr, «Ich sterbe stolz und aufrecht», S. 176, 204, 214 und 221f.
Zeugen des Widerstandes, S. 37f.

Anna Gründler

geboren 18.6.1902 in Schwoich
gestorben 1944 im KZ Ravensbrück

Anna Gründler lebte als Zeugin Jehovas in Wörgl; nähere Informationen sind nicht bekannt. Am 11. Jänner 1939 wurde sie verhaftet und in das Innsbrucker Polizeigefängnis gebracht. Wie bei allen Zeuginnen Jehovas ist auch für Gründler anzunehmen, dass ihr die Polizei die Freiheit anbot, wenn sie sich loyal zum nationalsozialistischen Staat verhielte. Anna Gründler wurde am 24. März 1939 in das KZ Lichtenburg gebracht und am 15. Mai 1939 nach Ravensbrück. Sie wurde 1944 einem so genannten «Schwarzen Transport» zugeteilt. Diese «Schwarzen Transporte» oder «Dunkeltransporte» waren ausschließlich zur Ermordung von KZ-Häftlingen eingerichtet worden. Das genaue Todesdatum von Anna Gründler ist nicht bekannt.

Jehovas Zeugen Österreich, Geschichtsarchiv, Auskunft zu Anna Gründler.
Mitteilung der Mahn- und Gedenkstätte Ravensbrück, 30.5. und 8.8.2001.
Achrainer, Zeugen.

Alfred Grundstein

geboren 27.4.1900 in Ebingen (Württemberg)
gestorben 26.2.1945 in Torgau an der Elbe (Sachsen)

 Alfred Grundstein, ehemaliges Mitglied der KPD, zog im Februar 1938 nach Innsbruck, wo er im Dezember 1939 Maria Schafferer heiratete. 1940 wurde er in die NSDAP aufgenommen und im selben Jahr zur Wehrmacht in Innsbruck einberufen. Dort schmiedete er gemeinsam mit dem Kommunisten Josef Ronczay Umsturzpläne. Darüber hinaus besorgte Grundstein, der auch praktizierender Christ war, Waffen und Munition und versuchte, Arbeitskollegen für den Widerstand anzuwerben. Im Oktober 1944 wurde er aufgrund der Denunziation eines Spitzels verhaftet und im Februar 1945 ins Wehrmachtsgefängnis in der Zietenkaserne in Torgau überstellt. Für das Reichskriegsgericht ließen seine Aktivitäten «deutlich erkennen, dass eine kommunistische Organisation aufgezogen werden sollte mit dem Ziel, die Verfassung des Reichs mit Waffengewalt zu ändern. (…) Ihm war daher auch klar, dass jede Betätigung für den Kommunismus für Russland einen Vorteil und damit eine Unterstützung feindlicher Kriegsführung bedeutet. (…). Er ist Soldat im Felde (…) und muss daher (…) wegen Kriegsverrats mit der allein angedrohten Todesstrafe bestraft werden.» In seinem Abschiedsbrief schrieb Alfred Grundstein: «Heute den 26.2.45 um 4 Nachmittags bin ich nicht mehr am Leben.»

Militärarchiv Prag, Bestand Reichskriegsgericht. Feldurteil des Reichs-
kriegsgerichts in der Strafsache gegen den Obergefreiten
Alfred Grundstein wegen Kriegsverrats u. a. vom 12.2.1945.
Schreiber, Alfred Grundstein, S. 88-98.

Gottfried Gutzelnig

geboren 9.11.1896 in St. Veit
gestorben 27.3.1945 im KZ Mauthausen/Nebenlager Melk

Gottfried Gutzelnig wohnte in Lienz, war aber in Huben bei Matrei
in Osttirol in einem Sägewerk beschäftigt. Dort geriet er wegen wie-
derholter regimekritischer Bemerkungen in Auseinandersetzungen
mit einem Arbeitskollegen, der im Ort als überzeugter Anhänger der
Nationalsozialisten galt und Gutzelnig im Frühjahr 1944 offenbar
mehrfach bei der Ortsgruppenleitung wegen «abfälliger Äußerungen
gegen führende Persönlichkeiten der NSDAP» denunzierte. Die Gestapo Lienz verhaftete Gutzelnig am 30. März 1944 und überstellte
ihn zunächst in das KZ Dachau. Auch die Lebensgefährtin Gutzelnigs
wurde für mehrere Wochen inhaftiert, dann aber entlassen. Sein weiteres Schicksal ist nur aus Transport- und Zugangslisten der Lager
Dachau, Auschwitz und Mauthausen rekonstruierbar. Welche Gründe seine vorübergehende Verlegung nach Auschwitz im Oktober 1944
hatte, ist nicht bekannt. Am 25. Jänner 1945 traf Gutzelnig in Mauthausen ein. Bald darauf wurde er in das Nebenlager «Quarz» in Melk/
Donau verlegt. Bis zu 10.000 Häftlinge waren hier für eine Tochter-
firma der Steyr-Daimler-Puch AG eingesetzt, um eine unterirdische
Produktionsstätte zu errichten. Unmenschliche Arbeitsbedingungen
und Misshandlungen forderten mindestens 4.800 Todesopfer. Unter
ihnen war auch Gottfried Gutzelnig, der nach Angaben im Totenbuch
Mauthausen an «Herzschwäche» verstarb.

Internationaler Suchdienst Bad Arolsen.
Tiroler Landesarchiv, Landesgericht Klagenfurt, Vr/Vg Osttirol, 18 Vr 688/46 und 22 Vr 2963/47.

Hubert Hell

geboren 10.2.1915 in Längenfeld
gestorben 23.9.1943 in Serfaus

Der Vater von Hubert Hell, ein bekannter Gegner des Nationalsozialismus, musste als Bürgermeister von Längenfeld nach der
Machtübernahme der Nationalsozialisten sofort zurücktreten und
verbrachte mehrere Monate in Gestapohaft. Hubert Hell diente als
Soldat an der Ostfront, bis er bei einem Heimaturlaub im September 1943 desertierte und zur Schweizer Grenze aufbrach. Ein Bauer
in Fiss gewährte ihm Unterkunft, verständigte aber den Leiter der
Landwacht, der die Gendarmerie in Serfaus informierte. Noch am

gleichen Abend erschienen zwei Gendarmen und verhafteten Hell. Auf dem Weg nach Serfaus wurde Hubert Hell erschossen, angeblich als er zu fliehen versuchte. Nach dem Krieg verantworteten sich die beiden Beamten mit der Furcht vor eigener Bestrafung für den Fall, dass Hell entkommen wäre. Das Verfahren gegen sie wurde 1950 eingestellt. Frieda Hell, die Schwester des Opfers, blieb mehrere Wochen lang wegen des Verdachts der Beteiligung an der Fahnenflucht ihres Bruders bei der Gestapo Innsbruck in Haft.

Dorfchronik Längenfeld.
Tiroler Landesarchiv, Landesgericht Innsbruck, 10 Vr 4162/47.

Andreas Hofer

geboren 24.8.1915 in Innsbruck
gestorben 15.4.1945 in Stein b. Krems

Andreas Hofer besuchte nach dem Dienst im österreichischen Bundesheer die Gendarmerieschule und trat nach der Machtergreifung der Nationalsozialisten zur Schutzpolizei über. Während seines Einsatzes in den Ostgebieten erfuhr er von den Gräueltaten an Jüdinnen, Juden und PartisanInnen. Nach einem viermonatigen Frontdienst kehrte Hofer aufgrund eines Nervenleidens in die Heimat zurück. In Wien kam er in Kontakt mit Walter Caldonazzi und schloss sich dessen Widerstandsgruppe an, die das Ziel hatte, Mitglieder aus den unterschiedlichen politischen Lagern zu sammeln und einen selbstständigen, monarchistisch regierten Staat Österreich unter Einbeziehung Bayerns und Südtirols zu bilden. Hofer verteilte gemeinsam mit Caldonazzi fiebertreibende Mittel an Wehrmachtssoldaten, die vor einer militärischen Untersuchung standen oder die einer Einberufung zur Wehrmacht entgehen wollten. Durch die Einspritzung solcher Substanzen auch bei sich selber versuchte er, seine neuerliche Verlegung an die Front zu verhindern. Am 28. Februar 1944 wurde Hofer von der Gestapo festgenommen. Der Volksgerichtshof verurteilte ihn am 7. November 1944 wegen Vorbereitung zum Hochverrat, Feindbegünstigung und Wehrkraftzersetzung zum Tod. Anfang April 1945 wurde Andreas Hofer zusammen mit weiteren Gefangenen wegen der vorrückenden sowjetischen Truppen nach Stein bei Krems verlegt und am 15. April 1945 im dortigen Gefängnishof von SS-Männern erschossen.

Hormayr, «Die Zukunft wird unser Sterben einmal anders beleuchten», S. 127f., 131 und 134-136.
Zeugen des Widerstandes, S. 40f.
Online-Datenbank. De Gruyter. Anklage 6J 158/44g und
Urteil 5H 96/44 , 5H 100/44 -- 6J 158/44g , 6J 165/44g.

Alois Holzer

geboren 1919 in Glanz
gestorben März 1945 bei Brünn

 Alois Holzer wuchs in Glanz in Osttirol auf. Sein bäuerliches Elternhaus war geprägt vom katholischen Glauben und von Antipathie gegen den Nationalsozialismus. Als Wehrmachtssoldat hatte er den Überfall der Wehrmacht auf Jugoslawien und Griechenland mitgemacht. Im September 1941 wurde sein Regiment nach Norwegen verlegt. Die christliche Prägung und die mehrfachen Erfahrungen des brutalen Vorgehens der Wehrmacht gegenüber sowjetischen Kriegsgefangenen ließen bei ihm und seinem Bruder David den Entschluss zur Fahnenflucht reifen. Im Sommer 1943 kehrten beide nicht mehr aus dem Fronturlaub zurück und hielten sich mit ihrem Bekannten Franz Stolzlechner, der ebenfalls desertiert war, im Wald bei Schlaiten in einer selber gebauten Höhle versteckt. Am 11. Jänner 1944 wurde Stolzlechner beim Organisieren von Verpflegung von der örtlichen Gendarmerie angeschossen und verhaftet. Alois und David Holzer stellten sich wenige Tage später freiwillig der Gendarmerie, um ihre Familie vor dem Zugriff der Gestapo zu schützen. Für die Fahnenflucht wurden sie vom Militärgericht Klagenfurt zu Zuchthausstrafen verurteilt. Beide wurden in das Militärstraflager Börgermoor verlegt und mussten später im Bewährungsbataillon 500 kämpfen. Während David Holzer überlebte, fiel Alois Holzer im März 1945 bei Brünn.

Kofler, Osttirol, S. 214f.
Zeugen des Widerstandes, S. 41f.
Pirker, Osttiroler Deserteure, S. 126-134.

Ferdinand Humer

geboren 15.6.1904 in Innsbruck
gestorben Ende September 1938 in der Sierre de la Vall de la Torre im Ebrobogen
(Spanien)

Ferdinand Humer war Mitglied der Sozialdemokratischen Partei. 1928 emigrierte er nach Frankreich und verbrachte die Jahre bis 1933 in der Französischen Fremdenlegion in Indochina. Dann kehrte Humer nach Innsbruck zurück. 1934 erfolgte seine sechsmonatige Inhaftierung wegen der Betätigung für die illegale Sozialdemokratische Partei. 1935 wurde Humer als einer der führenden Kommunisten Innsbrucks mit seinen beiden Brüdern Ernst und Josef sowie seiner Mutter Maria verhaftet, weil sie eine illegale Zelle der KPÖ im

Schlachthofblock gebildet hatten. 1937 schlug er sich mit seinem Bruder Ernst nach Spanien durch, um als Interbrigadist gegen die Franco-Truppen zu kämpfen. Ende September 1938 fiel Ferdinand Humer in der Sierre de la Vall de la Torre im Ebrobogen.

Stepanek, Lebenswege Tiroler Spanienkämpfer, S. 193.
Widerstand und Verfolgung in Tirol 1, S. 73 und 75.

Josef Hundegger

geboren 16.4.1902 in Innsbruck
gestorben 9.5.1942 im KZ Flossenbürg

Der Hilfsarbeiter Josef Hundegger war in Arzl für seine Gegnerschaft zur NSDAP bekannt. Als Angehöriger der Schützenkompanie Arzl trat er trotz des Verbotes für die Abhaltung der Fronleichnamsprozession unter Teilnahme der Schützen ein. Im darauffolgenden Konflikt mit Parteimitgliedern von Arzl soll ihn der Ortsgruppenleiter zur Anzeige gebracht haben. Hundegger befand sich vom 23. Juni bis 20. Juli 1939 «zur Verfügung der Gestapo» im Innsbrucker Polizeigefangenenhaus in Haft. Am 12. September desselben Jahres wurde er von der Gestapo «wegen der Verbreitung von Greuelnachrichten» festgenommen und vom Polizeigefangenenhaus Innsbruck am 9. November nach Rosenheim und weiter ins KZ Sachsenhausen überstellt. Am 6. April 1940 erfolgte sein Abtransport ins KZ Flossenbürg. Josef Hundegger kam am 9. Mai 1942 im KZ Flossenbürg ums Leben. Als Todesursache wurde «Herzschwäche bei akutem Magen- und Darmkatarrh» angegeben.

Tiroler Landesarchiv, Opferfürsorgeakt Leopoldine Hundegger.

Alois Hupfau

geboren 12.1.1907 in Innsbruck
gestorben 26.2.1945 in Prenzlau (Brandenburg)

Alois Hupfau war Maler und wurde 1940 als Postfacharbeiter eingestellt. Er galt als überzeugter Sozialdemokrat. 1944 wurde er zur Wehrmacht einberufen, obwohl seine Frau seit 1940 vollständig gelähmt war. Am 24. März 1945 desertierte er von seiner in Greifenhagen stationierten Truppe «unter Zurücklassung seiner Waffen», wurde jedoch aufgegriffen und von einem SS-Standgericht zum Tode verurteilt, da er «in der Entscheidungsstunde seines Volkes seine Pflichten als Soldat auf das schwerste verletzt» habe. Zu diesem Zeitpunkt war die Rote Armee nur mehr wenige Kilometer von Greifenhagen entfernt.

Tiroler Landesarchiv, Opferfürsorgeakt Aloisia Hupfau.

Shmuel David Janaszewicz

geboren 17.10.1900 in unbekannt
gestorben 25.4.1944 in Innsbruck

Shmuel David Janaszewicz gehörte einer Widerstandsgruppe polnischer Zwangsarbeiter an, die im März 1944 von der Gestapo aufgedeckt worden war. Über diese Widerstandsgruppe liegen nur wenige Erkenntnisse vor. Gesichert ist, dass die beiden jüdischen Mitglieder Jakob Justmann und Shmuel David Janaszewicz am 25. April 1944 im Arbeitserziehungslager Reichenau ermordet wurden. Näheres zu Janaszewicz ist derzeit nicht bekannt.

Justmann und Janaszewicz wurden im Dezember 1945 exhumiert und im jüdischen Teil des Innsbrucker Westfriedhofes beigesetzt.

Tiroler Landesarchiv, Opferfürsorgeakt Marianne S.
Tiroler Landesarchiv, LG Innsbruck, 10 Vr 1745/47.
Yad Vashem Database.
Tiroler Tageszeitung, 11.12.1945, Nr. 145, S. 3.

Hermann Jennewein

geboren 8.11.1917 in Pfunds
gestorben 11.12.1944 in unbekannt

Hermann Jennewein war im 136. Gebirgsjägerregiment der 7. Kompanie/II. Gebirgsdivision in Norwegen eingesetzt. Das zuständige Feldgericht verurteilte ihn gemeinsam mit Georg Fankhauser wegen «Feigheit vor dem Feind» zum Tod. Die beiden hatten entgegen anderslautenden Befehlen beim Herannahen der Roten Armee eine Stellung frühzeitig geräumt und sich erst zwei Tage später wieder bei ihrer Einheit gemeldet. Während die Armeerichter die Hinrichtung weiterer beteiligter Soldaten des 136. und 137. Gebirgsjägerregiments aussetzte, um Gnadengesuche zu prüfen, wurde das Urteil gegen Jennewein – und Fankhauser – am 11. Dezember 1944 vollstreckt. Beide Gräber befinden sich auf dem Friedhof von Valnesfjord südlich von Narvik.

Dokumentationsarchiv des österreichischen Widerstandes Wien, 20.857. Bericht über abgeschlossene Strafverfahren des Gerichts der 20. (Gebirgs-)Armee, 10.1.1945.

Jakob Justmann

geboren 4.7.1897 in Piatek (Polen)
gestorben 25. April 1944 in Innsbruck

Jakob Justmann lebte mit seiner Frau und seiner Tochter in Lodz, Polen. Seine Frau Sofia wurde in einem KZ ermordet. Zusammen mit seiner Tochter Leokadia kam Justmann nach Tirol, wo er als ziviler Zwangsarbeiter seine jüdische Identität verschleiern konnte. Er lebte unter falschem Namen (Jan Grolinski) als Fremdarbeiter in Seefeld und Innsbruck und schloss sich einer Widerstandsgruppe polnischer Zwangsarbeiter an, die im März 1944 aufgedeckt wurde. Über diese Widerstandsgruppe und ihr weiteres Schicksal liegen nur wenige Erkenntnisse vor. Gesichert ist, dass die beiden jüdischen Mitglieder Jakob Justmann und Shmuel David Janaszewicz am 25. April 1944 im Arbeitserziehungslager Reichenau ermordet wurden.

Justmanns Tochter Leokadia sollte zusammen mit mehreren anderen jüdischen Mädchen Anfang 1945 nach Auschwitz deportiert werden; Bedienstete des Polizeigefängnisses in Innsbruck ermöglichten ihnen aber die Flucht. Justmann und Janaszewicz wurden im Dezember 1945 exhumiert und im jüdischen Teil des Innsbrucker Westfriedhofes beigesetzt.

Tiroler Landesarchiv, Opferfürsorgeakt Marianne S.
Tiroler Landesarchiv, Landesgericht Innsbruck, 10 Vr 1745/47
Yad Vashem Database.
Tiroler Tageszeitung, 11.12.1945, Nr. 145, S. 3.
Weinzierl, Zu wenig Gerechte, S. 153-155.

Karl Killinger

geboren 2.7.1901 in Pabneukirchen (Oberösterreich)
gestorben 19.1.1940 im KZ Mauthausen

Karl Killinger wurde am 16. Februar 1939 als Zeuge Jehovas verhaftet und bereits am 24. März in das Konzentrationslager Dachau gebracht. Von dort kam er am 24. September 1939 in das Konzentrationslager Mauthausen. Erwin Gostner berichtet in seinem Buch «1000 Tage im KZ» über eine Begegnung mit Killinger, den er aus Hall kannte, in Mauthausen. «Als ich am Abend vor ihm stehe», schreibt Gostner, «bin ich erstaunt über den Verfall des ehemaligen Schmiedes. Aber weil er so ein starker Mensch ist, setzen ihm die Hungerkost und die schwere Arbeit (Gostner traf ihn beim Holzfällen an, Anm.) besonders zu. Trotzdem hält er an seinem Glauben fest. Ich denke an seine Frau und an den kleinen Buben, welche zu Hause auf ihn warten und rede ihm gut zu. Da wird er böse und wirft mich beinahe aus seinem Block. – Nach drei Wochen stirbt er im Lager an einer Lungenentzündung, die er sich beim Holzfällen geholt hat.»

Jehovas Zeugen Österreich, Geschichtsarchiv, Personenunterlagen Karl Killinger.
Gostner, 1000 Tage im KZ, zitiert in Widerstand und Verfolgung 2, S. 378.

Anton Kofler

geboren 22.1.1914 in Riffian (Südtirol)
gestorben 19.3.1945 in Innsbruck

Anton Kofler kam als Südtiroler Optant im Jahr 1940 nach Innsbruck. Er arbeitete als Hotelportier und heiratete 1944. Im Juni 1944 musste er einrücken; nach einem Urlaub im März 1945 kehrte er nicht mehr an die Front zurück und lebte mit seiner Frau «bald da bald dort». Er wollte «für ein fremdes Land nicht sein Leben lassen». Nach wenigen Tagen wurde er am 19. März 1945 in Innsbruck zur Ausweisleistung aufgefordert, versuchte zu flüchten und wurde bei diesem Fluchtversuch erschossen.

Tiroler Landesarchiv, Opferfürsorgeakt Johanna Kofler.

Walter Krajnc

geboren 22.2.1916 in Steinach am Brenner
gestorben 29.7.1944 in Les Angles bei Avignon (Frankreich)

 Dr. jur. Walter Krajnc, Mitglied der Hochschulverbindung Vindelicia, gehörte dem katholischen Widerstand in Hall an. Aufgrund seiner antinationalsozialistischen Einstellung wurde er 1938 nicht zum Gerichtsdienst zugelassen. 1943 wurde Krajnc einer Funk-Kompanie im Hauptquartier der 19. Armee der Deutschen Wehrmacht in Avignon zugeteilt. Er trat als Mitglied I514 in die französische Résistance ein und versorgte sie als Funker ebenso mit Informationen wie die US-amerikanische und britische Armee. Bei seiner Verhaftung Mitte Juli 1944 schnitt er sich mit einer Rasierklinge, die er in der Rocktasche mit sich trug, die Pulsader auf. Krajnc wurde schließlich ins Gefängnis von Avignon eingeliefert und vom Militärgericht des Armee-Oberkommandos 19 als Spion wegen Landesverrates zum Tode verurteilt. Am 29. Juli 1944 wurde Walter Krajnc in Zivilkleidung auf einem Schießplatz in der Nähe von Avignon von seinen Funkkameraden erschossen und am Friedhof Les Angles beigesetzt.

Stadtarchiv Hall, Unterlagen von Albrecht Englert über Walter Krajnc.
Zeugen des Widerstandes, S. 44-46.

Marian Kudera

geboren 5.8.1923 in Myslowitz (Polen)
gestorben 19.7.1944 im KZ Dachau

Marian Kudera, der im Sinne der nationalsozialistischen Rassenkunde als volksdeutscher Pole galt, lebte als Medizinstudent in Innsbruck. Er wurde am 21. Februar 1944 von der Gestapo verhaftet, die in ihm den «Führer der polnischen Widerstandsbewegung» sah. Während über die Tätigkeit dieser Widerstandsbewegung praktisch nichts bekannt ist, sind die Folterungen, denen Marian Kudera bei der Gestapo ausgeliefert war, detailliert nachweisbar. Da Kudera wegen der Überfüllung des Polizeigefängnisses im landesgerichtlichen Gefangenenhaus inhaftiert war, dokumentierte dessen Leiter Wilhelm Steneck die schweren Misshandlungen in mehreren Aktenvermerken und ließ ihn auch vom Anstaltsarzt, zugleich Amtsarzt in Innsbruck, untersuchen. Auch diese Befunde sind erhalten. Marian Kudera wurde schließlich am 28. April 1944 in das KZ Dachau überstellt, wo er am 19. Juli 1944 erhängt wurde.

Widerstand und Verfolgung 1, S. 399-402 und 546-548.
Tiroler Landesarchiv, Landesgericht Innsbruck, 10 Vr 740/48.
Archiv KZ-Gedenkstätte Dachau.

Stefan Kudera

geboren 8.9.1916 in Diefort (Ort konnte nicht lokalisiert werden)
gestorben 19.7.1944 im KZ Dachau

Stefan Kudera gehörte wie sein Bruder Marian der polnischen Widerstandsbewegung in Innsbruck an. Auch er wurde von der Gestapo verhaftet und nach Aussage einer Zeugin misshandelt, wenn auch nicht so brutal wie sein Bruder. Gemeinsam mit Marian wurde Stefan Kudera am 28. April 1944 in das KZ Dachau gebracht und dort am 19. Juli 1944 erhängt.

Widerstand und Verfolgung 1, S. 546-548.
Archiv KZ-Gedenkstätte Dachau.

Carl Lampert

geboren 9.1.1894 in Göfis (Vorarlberg)
gestorben 13.11.1944 in Halle an der Saale (Sachsen-Anhalt)

Carl Lampert wurde im Mai 1918 zum Priester geweiht und wirkte anschließend in der Pfarre St. Martin in Dornbirn. Nach dem Studium des Kanonischen Rechts in Rom kehrte er im September 1935 nach Österreich zurück. Durch seine Ernennung zum Stellvertreter des Bischofs Dr. Paulus Rusch, der seit Oktober 1938 Apostolischer Administrator von Innsbruck-Feldkirch war, avancierte Lampert in der NS-Zeit zum ersten Verteidiger kirchlicher Interessen in Tirol und Vorarlberg. Die politischen Machthaber – allen voran Gauleiter Franz

Hofer – erkannten Bischof Rusch nicht an, da sie in das Auswahl-
verfahren zur Bestellung des Bischofs nicht eingebunden worden
waren. Aus diesem Grund vertrat Lampert den Bischof in allen kir-
chenpolitischen Verhandlungen. Er protestierte vehement gegen die
kirchenfeindliche Politik des Gauleiters. Diese Gegenwehr und die
Verfassung der Todesanzeige für den im KZ Buchenwald ermordeten
Pfarrer Otto Neururer brachten Lampert 1940 dreimal ins Gefängnis. Von Ende August 1940 bis 1. August 1941 saß er im KZ Dachau
und im KZ Sachsenhausen-Oranienburg ein. Nach seiner Entlassung
musste Lampert zwangsweise nach Pommern-Mecklenburg übersie-
deln. Am 4. Februar 1943 verhaftete ihn die Gestapo in Stettin erneut, nachdem ihn ein getarnter NS-Agent ausgehorcht hatte. Wegen
Feindbegünstigung, Zersetzung der Wehrkraft, Verbrechen gegen das
Rundfunkgesetz und Spionage wurde Lampert zum Tode verurteilt.
Carl Lampert wurde am 13. November 1944 in Halle an der Saale
hingerichtet. Er war der ranghöchste Kleriker Österreichs, den die
Nationalsozialisten umbrachten.

Emerich (Hrsg.), Hätte ich eine innere Kraft.
Gohm, Carl Lampert.
Zeugen des Widerstandes, S. 48-54.
Juen, Dr. Carl Lampert, S. 11-36.
Kunzenmann, Provikar Dr. Carl Lampert.
Widerstand und Verfolgung in Tirol 2, S. 3, 206f, 221f, 224 und 340.

Josef Lengauer

geboren 6.11.1909 in Innsbruck
gestorben 1944 (?) in unbekannt

Josef Lengauer lebte mit seiner Frau und zwei Kindern in Schwaz, seinen Lebensunterhalt verdiente er als Maurer. Mit Kriegsbeginn wurde
er als Schütze zum Gebirgsjägerregiment 136 eingezogen. Die Erleb-
nisse an der russischen Front bewogen ihn dazu, bei einem Heimaturlaub im Mai 1942 zu desertieren. Vorübergehend fand er Unterschlupf
beim Einsiedlerehepaar Maria und Josef Schmiderer in Maria Brettfall am Eingang des Zillertals. Am 22. Oktober 1942 nahm die Gestapo Josef Lengauer fest und überstellte ihn in das Divisionsgefängnis
nach Klagenfurt. Er wurde wegen «unerlaubter Entfernung» von der
Truppe zu einer Zuchthausstrafe von 15 Jahren verurteilt. Während
seiner Rücküberstellung nach Innsbruck gelang es ihm nahe seinem
Heimatort Schwaz aus dem Fenster zu springen. Wieder versteckte er
sich beim Ehepaar Schmiderer, doch bereits wenige Wochen später
führte die Denunziation eines guten Bekannten zu seiner neuerlichen
Verhaftung. Lengauer wurde in ein Straflager in Börgermoor über-

stellt, wo er am 30. Juli 1943 einen weiteren Fluchtversuch während eines Arbeitseinsatzes außerhalb des Lagers unternahm. Mit vier Wochen Dunkelarrest kam er noch relativ glimpflich davon. Nach einem letzten Ausbruchsversuch, der sich aus einer Fahndungsliste im Deutschen Kriminalpolizeiblatt vom Dezember 1944 rekonstruieren lässt, verliert sich die Spur von Josef Lengauer.

Internationaler Suchdienst Bad Arolsen.
Tiroler Landesarchiv, Landesgericht Innsbruck, 10 Vr 2481/46.
Tiroler Landesarchiv, Sondergericht Innsbruck, KLs 54/43.

Franz Mair

geboren 29.10.1910 in Niederndorf bei Kufstein
gestorben 6.5.1945 in Innsbruck

Als Lehrer für Englisch und Deutsch beeinflusste der «Freigeist» Franz Mair seine Schüler im Akademischen Gymnasium im antinationalsozialistischen Sinn. Einige von ihnen schlossen sich nach der Matura Widerstandsgruppen an. Im März 1944 wurde Mair von der Gestapo festgenommen und wegen Wehrkraftzersetzung und Feindbegünstigung angeklagt. Zwei Monate später wurde er entlassen und im Dezember vor dem Volksgerichtshof in Passau freigesprochen. Mair bildete eine eigene Widerstandsgruppe, die aus ehemaligen Schülern bestand. Er brachte einen französischen Agenten samt einer Funkanlage bei einem Bauern in Ellbögen unter und unterstützte Deserteure. Bei der Befreiung Innsbrucks am 3. Mai 1945 unmittelbar vor dem Zusammenbruch des NS-Regimes wirkte Mair mit seiner Gruppe mit. Dabei wurde er vermutlich von einem SS-Mann bei der Absicherung des Landhauses in der Maria-Theresien-Straße angeschossen. Drei Tage später verstarb Mair an den Folgen seiner schweren Verletzung. Am 8. Mai 1946 enthüllte Landeshauptmann Alfons Weißgatterer am Alten Landhaus in Innsbruck eine Gedenktafel, die an den österreichischen und Tiroler Widerstand im Allgemeinen sowie an Prof. Dr. Franz Mair im Besonderen erinnert.

Schreiber, Franz Mair.

Adolf Martinek

geboren 5.10.1906 in Fügen
gestorben 4.5.1945 in Fügen

Adolf Martinek diente als Marine-Sanitätssoldat in der Deutschen Wehrmacht. In den letzten Kriegswochen schloss er sich während

eines Fronturlaubes der in Fügen und Umgebung agierenden Widerstandsbewegung an. In der Nacht vom 3. auf den 4. Mai 1945 begab
sich Martinek mit etwa dreißig Mitgliedern der Gruppe nach Fügen,
um dort die in einem Stadel des Gasthauses Post untergebrachten
Männer der Waffen-SS zu entwaffnen. Es kam zu einem Schusswech-
sel, bei dem Adolf Martinek von einem SS-Mann tödlich getroffen
wurde.

Zeugen des Widerstandes, S. 37.
Tiroler Landesarchiv, Opferfürsorgeakt Gertrud Martinek.
Widerstand und Verfolgung in Tirol 2, S. 533.

Hubert Mayr

geboren 28.11.1913 in Innsbruck
vermisst seit Jänner 1945 in unbekannt

Hubert Mayr wuchs in einem betont religiösen
Elternhaus auf und wurde in katholischen Ins-
titutionen ausgebildet. Dennoch entwickelte er
sich zu einem überaus engagierten Mitglied der
Sozialdemokratischen Partei und des Republikanischen Schutzbundes, das früh an gewaltsa-
men Auseinandersetzungen seiner Partei mit der
NSDAP teilnahm. Nach dem Februar 1934 war Mayr federführend
beim Aufbau der Revolutionären Sozialisten in Tirol tätig. Deshalb
wurde er 1936 zu zwei Monaten Gefängnis verurteilt. Im August 1937
erreichte Mayr Spanien, wo er sich als einer der wichtigsten Orga-
nisatoren der Revolutionären Sozialisten im militärischen Einsatz
gegen das faschistische Franco-Regime hervortat. Im Februar 1939
musste er nach Frankreich fliehen und war in Internierungslagern
untergebracht. Auf der Flucht vor den deutschen Truppen gelangte er
nach Algerien und wurde 1943 Geheimagent und Offizier der briti-
schen Armee. Unter verschiedenen Decknamen versuchte er, als Fall-
schirmkundschafter im Grenzgebiet Österreich/Italien/Slowenien die
Möglichkeiten zur Unterstützung eines militärischen Widerstandes
in Erfahrung zu bringen. In Außervillgraten in Osttirol baute er eine
Widerstandszelle auf. Sein Ziel war die Wiedererrichtung von Demokratie und Republik, aber auch die Rückkehr Südtirols zu Österreich.
Bei seiner letzten Mission um die Jahreswende 1944/45 verlieren sich
die Spuren des 31-jährigen Hubert Mayr.

Wallgram, Hubert Mayr.
Stepanek, Lebenswege Tiroler Spanienkämpfer,
S. 42, 54, 58, 72, 74, 86, 114 und 198.

Karl Mayr

geboren 11.3.1884 in Innsbruck
gestorben 27.3.1940 im KZ Sachsenhausen

 Karl Mayr, Vater des ums Leben gekommenen Widerstandskämpfers Hubert Mayr, war ein gläubiger Mann, der seine sieben Kinder nach den Grundsätzen des Christentums erzog. Mit einem HJ-Führer seiner Heimatgemeinde Baumkirchen geriet er in eine Auseinandersetzung, weil er sich weigerte, seine Kinder der HJ beitreten zu lassen. Am 11. Oktober 1939 stellte der Innsbrucker Kreisleiter Max Primbs Mayr in Anwesenheit des Ortsgruppenleiters von Rinn und eines Gendarmeriebeamten im Gasthaus Windegg bei Tulfes zur Rede. Nachdem Mayr weiterhin darauf beharrte, seine Kinder religiös zu erziehen, und sich dagegen verwahrte, dass sie, wie der Kreisleiter betonte, Hitler-Kinder wären, ließ Primbs ihn festnehmen. Mayr kam zur Verfügung der Gestapo ins Polizeigefängnis nach Innsbruck. Aus seiner Haft heraus schrieb er seiner Frau, dass die Familie am Glauben festhalten möge und dass sie die Kinder zur Pfarrjugend gehen lassen solle. Am 17. November 1939 wurde er ins KZ Sachsenhausen überstellt. Dort verstarb Karl Mayr am 27. März 1940. Die offizielle Todesursache lautete «Beinschwellung und Herzschwäche».

Tiroler Landesarchiv, Opferfürsorgeakt Regina Mayr.
Hormayr, «Die Zukunft wird unser Sterben einmal anders beleuchten», S. 201-204.
Widerstand und Verfolgung in Tirol 2, S. 193f, 259, 276f und 617.

Konrad Meier

geboren 4.2.1891 in Tristach bei Lienz
gestorben 26.3.1940 im KZ Sachsenhausen

Konrad Meier nahm am Ersten Weltkrieg als Zugsführer bei den Kaiserjägern teil und arbeitete später als Sägearbeiter in Debant. Wann und wie er zu den Zeugen Jehovas kam, ist nicht bekannt; seine Frau war keine Zeugin. Eines seiner fünf Kinder erinnert sich, dass im Elternhaus manchmal Versammlungen der Zeugen Jehovas stattgefunden haben. Konrad Meier wurde am 19. September 1939 verhaftet, am 27. September in das Gestapogefängnis Klagenfurt eingeliefert und nach etwa zwei Monaten in das KZ Sachsenhausen gebracht, wo er am 26. März 1940 wegen Unterernährung an Ruhr starb. Wie bei allen Zeugen Jehovas ist auch bei Konrad Meier anzunehmen, dass er sich weigerte, eine Loyalitätserklärung für den nationalsozialistischen Staat zu unterzeichnen.

Tiroler Landesarchiv, Opferfürsorgeakt Ottilie Meier.
Jehovas Zeugen Österreich, Geschichtsarchiv, Personenunterlagen Konrad Meier.
Achrainer, Zeugen.

Johann Mentil

geboren 7.8.1899 in Obervellach (Kärnten)
gestorben 24.5.1945 im KZ Dachau

Johann Mentil lebte in Debant in Osttirol und arbeitete als Hilfsarbeiter beim Bau der Iselsbergstraße. Im Oktober 1939 wurde ihm zusammen mit weiteren zehn Arbeitern in Innsbruck der Prozess gemacht. Den Angeklagten wurde Vorbereitung zum Hochverrat vorgeworfen, weil sie gemeinsam «deutschfeindliche» Sender, so auch Radio Moskau, gehört hatten. Die Arbeiter wiesen zum Teil ein Naheverhältnis zum Kommunismus auf oder waren bis Februar 1934 sozialdemokratisch organisiert gewesen. Mentil wurde zu zwei Jahren und sechs Monaten Zuchthaus verurteilt. Als die NS-Behörden im August 1941 in Lienz eine kommunistische Widerstandsbewegung aufdeckten, wurde auch Mentil erneut verhaftet. Er wurde am 10. Oktober 1941 ins Konzentrationslager Dachau eingeliefert. Dort erlebte Johann Mentil zwar noch die Befreiung durch die US-amerikanischen Truppen, verstarb aber am 24. Mai 1945 in Dachau an Typhus.

Zeugen des Widerstandes, S. 62f.
Kofler, Osttirol, S. 173f und 176.

Franz Josef Messner

geboren 8.12.1896 in Brixlegg
gestorben 23.4.1945 im KZ Mauthausen

 Dr. Franz Josef Messner arbeitete nach seiner Teilnahme am Ersten Weltkrieg als Kaufmann in Wien, Innsbruck, Dakar und Brasilien, wo er 1931 die Staatsbürgerschaft erwarb. Ab 1934 war er wieder in Wien tätig, wo er 1937 zum Direktor der Semperit-Werke aufstieg. Messner verband eine langjährige Freundschaft mit dem Wiener Kaplan Dr. Heinrich Maier, der einer Widerstandsgruppe vorstand, die er maßgeblich förderte. Darüber hinaus stand er in engem Kontakt mit der Widerstandsgruppe von Walter Caldonazzi, die auch in Tirol höchst aktiv war. Ab 1942 trat Messner während seiner Auslandsreisen in Kontakt zum US-amerikanischen Geheimdienst, dem er schließlich wichtige Informationen über die deutsche Rüstungsindustrie sowie über die Munitions-, Waffen- und Flugzeugproduktion im Wiener Raum verriet. Am 29. März 1944 wurde Messner verhaftet, nachdem er versucht hatte, für die Widerstandsbewegung einen hohen Geldbetrag von Budapest nach Wien zu schmuggeln. Am 27./28. Oktober sprach der Volksgerichtshof über ihn wegen Hochverrat,

Feindbegünstigung und Verbindung zum feindlichen Ausland zum Zwecke der Bombardierung deutscher Rüstungswerke das Todesurteil aus. Wegen seiner brasilianischen Staatsbürgerschaft wurde die Hinrichtung aufgeschoben und Messner ins KZ Mauthausen transportiert, wo der Lagerführer SS-Standartenführer Franz Ziereis am 23. April 1945 seine Tötung mit Gas anordnete.

Online-Datenbank. De Gruyter. Anklage 6J 158/44g und
Urteil 5H 96/44 , 5H 100/44 -- 6J 158/44g , 6J 165/44g.
Hormayr, «Die Zukunft wird unser Sterben einmal anders beleuchten», S. 130, 134f. und 257-259.
Zeugen des Widerstandes, S. 63f.

Franz Möslinger

geboren 30.8.1902 in Meran
gestorben 28.2.1939 in Innsbruck

Franz Möslinger war zunächst Angehöriger der italienischen Staatsbahnen und begann nach Verlust dieses Arbeitsplatzes ein abenteuerliches Leben, das ihn nach Brasilien, Uruguay, Spanien und Portugal führte. Nach einem vorübergehenden Aufenthalt in Innsbruck Anfang der 1930er Jahre und Kontakten mit der Kommunistischen Partei reiste Möslinger 1934 nach Russland. Seinen eigenen Aussagen zufolge kehrte er von dort enttäuscht nach Tirol zurück, betätigte sich aber dennoch erneut für die nun illegale Kommunistische Partei und wurde zu einer mehrmonatigen Haftstrafe verurteilt. Einige der späteren Mitangeklagten lernte er in dieser Zeit in Haft kennen. Möslinger war für seine antinationalsozialistische Einstellung bekannt. Am 30. August 1939 erhob der Generalstaatsanwalt beim Oberlandesgericht Wien Anklage gegen acht TirolerInnen wegen des fortgesetzten Abhörens von Feindsendern und der Verbreitung kommunistischer Propaganda. Zum Kreis der Beschuldigten gehörte auch Franz Möslinger, der zu diesem Zeitpunkt allerdings nicht mehr am Leben war: Er hatte am 28. Februar 1939, nach fünf Wochen Gestapohaft, Selbstmord begangen. Ein Mithäftling berichtete später, dass Franz Möslinger etwa eine Woche vor seinem Tod schwer misshandelt in die Zelle zurückgebracht worden war. Unter dem massiven Druck der von der Gestapo durchgeführten Verhöre hatte ihn einer der Mitangeklagten in äußerst bedenklicher psychischer Verfassung angetroffen.

Online-Datenbank. De Gruyter 7 OJs 041/39.
Tiroler Landesarchiv, Opferfürsorgeakt Nelly Möslinger.

Robert Moser

geboren 19.5.1903 in Innsbruck
gestorben 23.4.1945 in Innsbruck

Der Radiohändler Robert Moser stellte der sich im April 1945 formierenden überparteilichen Widerstandsbewegung in Innsbruck seine Geschäftsräume zur Verfügung. Er nahm auch den amerikanischen Fallschirmagenten Fred Mayer als angeblichen französischen Zwangsarbeiter in seinen Betrieb auf. Als die Gestapo Ende April zahlreiche Innsbrucker als Mitglieder der Widerstandsbewegung verhaftete, vermutete sie in Moser offenbar einen «Anführer». Moser wurde in den Tagen nach seiner Festnahme in der Nacht vom 18. auf den 19. April so schwer misshandelt, dass er am 23. April 1945 in der Haft verstarb.

Hormayr, «Die Zukunft wird unser Sterben einmal anders beleuchten», S. 215f.
Zeugen des Widerstandes, S. 64f.
Widerstand und Verfolgung 1, S. 544f und 550f.
Tiroler Landesarchiv, Landesgericht, LG Innsbruck, 10 Vr 3739/47.

Otto Neururer

geboren 25.3.1882 in Piller, Gemeinde Fließ
gestorben 30.5.1940 im KZ Buchenwald

Otto Neururer besuchte in Brixen das Gymnasium und das Priesterseminar. 1907 wurde er zum Priester geweiht und wirkte anschließend als Kooperator in verschiedenen Tiroler Gemeinden, bis er 1932 Pfarrer in Götzens bei Innsbruck wurde. Zu den ersten persönlichen Auseinandersetzungen mit der NS-Elite kam es im Herbst 1938. Da Neururer seine Religionsstunden nicht den Vorstellungen der Schulbehörde anpasste, hatte eine Inspektion durch den Bezirksschulinspektor eine Verwarnung zur Folge. Im Dezember dieses Jahres verhinderte er eine standesamtliche Heirat zwischen einer Frau seiner Pfarrgemeinde und einem um 30 Jahre älteren, geschiedenen und aus der Kirche ausgetretenen Nationalsozialisten. Wenige Tage später, am 15. Dezember 1938, wurde Neururer aus diesem Grund verhaftet und im März 1939 in das KZ Dachau überstellt. Von dort verlegte man ihn im September dieses Jahres in das KZ Buchenwald. Obwohl jede seelsorgliche Handlung streng verboten war, blieb er während der Gefangenschaft seiner Berufung als Priester treu. Nachdem Neururer einem Mitgefangenen vermutlich die Taufe gespendet hatte, wurde er in den

Lagerarrest gebracht. Zwei Tage später, am 30. Mai 1940, wurde Pfarrer Otto Neururer im KZ Buchenwald als tot gemeldet. SS-Männer hatten ihn mit dem Kopf nach unten in einer Zelle aufgehängt, bis der Tod eingetreten war. Otto Neururer wurde im November 1996 seliggesprochen.

Zeugen des Widerstandes, S. 65ff.
Kunzenmann, Otto Neururer, S. 77-85.
Kunzenmann, Pfarrer Otto Neururer.
Widerstand und Verfolgung in Tirol 2, S. 187f, 228f und 342.

Andreas Obernauer

geboren 1.1.1901 in Kitzbühel
gestorben 17.8.1944 in München-Stadelheim

Andreas Obernauer war als Schaffner der Reichsbahn in Innsbruck tätig. Obwohl er sich zunächst in völkischen Kreisen betätigte und Mitglied einer völkischen Gewerkschaft war, schloss er sich 1941 einer illegalen kommunistischen Gruppe von Eisenbahnern an, die von Josef Werndl geführt wurde. Obernauer betätigte sich vor allem in der «Roten Hilfe», die Spenden für inhaftierte SozialistInnen und KommunistInnen beziehungsweise für deren Familien sammelte. Im November 1941 beabsichtigte Werndl nach einem Gespräch mit Anton Rausch, seine illegale Gruppe der Gruppe «Roby» anzuschließen. Andreas Obernauer unternahm nun die Vorbereitungen zum organisatorischen Zusammenschluss der Gruppen, wozu er mehrmals mit Rausch und anderen zusammentraf. Er warb auch weiterhin unter den Eisenbahnern in Innsbruck neue Mitglieder an und beriet sich öfters mit Werndl. Im Juni 1942 ließ er einen sowjetischen Fallschirmjäger bei sich nächtigen, den Werndl nach Wien brachte.

Obernauer wurde am 25. Juni 1942 verhaftet und gemeinsam mit mehreren führenden Mitgliedern der Gruppe «Roby» vor dem Volksgerichtshof angeklagt. Am 14. April 1944 verurteilte ihn dessen 6. Senat wegen «Vorbereitung zum Hochverrat in Tateinheit mit landesverräterischer Begünstigung» zum Tod. Andreas Obernauer wurde am 17. August 1944 in München-Stadelheim hingerichtet.

Online-Datenbank. De Gruyter. Anklage 10(9)J 819/43g, Urteil 6H 28/44 -- 10(9)J 819/43g.

Anton Obholzer

geboren 21.4.1893 in Linz
gestorben 3.5.1945 in Kufstein

Anton Obholzer lebte bis 1938 mit seiner Frau und sechs Kindern als Lehrer und Gemeindesekretär in Gerlos. 1938 zog die Familie nach Kufstein. Unmittelbar vor der Befreiung durch die US-Armee kam

es in Kufstein noch zu Kämpfen zwischen der lokalen Widerstandsbewegung und SS-Einheiten. Die SS versuchte, eine bereits gehisste
österreichische Fahne am Franz-Josefs-Platz in Kufstein zu entfernen.
Obholzer widersetzte sich diesem Vorhaben und wurde am Nachmit-
tag des 3. Mai 1945 durch einen Kopfschuss getötet.

Tiroler Landesarchiv, Opferfürsorgeakt Franziska Obholzer.

Ernst Ortner

geboren 1.9.1914 in Innsbruck
gestorben 22.3.1945 in Wien

Ernst Ortner war seit seiner Gymnasialzeit in Kufstein Mitglied der katholischen Mittelschulverbindung Cimbria. 1934 hielt er sich in Lienz auf und
wurde noch im selben Jahr Berufssoldat im Österreichischen Bundesheer. Zuvor gehörte er der Heimatwehr an. Während der NS-Zeit diente er in der
Deutschen Wehrmacht als Oberfeldwebel der Luft-
waffe. Ab 1941 war Ortner nach seiner Bekanntschaft mit dem Unter-
offizier der Luftwaffe Eduard Pumpernig, der wie er in Klagenfurt sta-
tioniert war, Mitorganisator einer Widerstandsgruppe. Im März 1942
kam es unter Beisein Ortners zu einer Besprechung, bei der die Gruppe
sich den Namen «Antifaschistische Freiheitsbewegung Österreichs»
(AFOe) gab. Dadurch sollten nicht nur monarchistische, sondern auch
linke Kreise angesprochen werden. Die Tätigkeit dieses Widerstandes
erstreckte sich besonders auf Klagenfurt und Wien, aber auch auf andere Orte in Österreich. Ortner fungierte als Verbindungsmann zur
Gruppe in Lienz. Er warb in Osttirol Mitglieder an und reiste nach Lienz, um Flugzettel antinationalsozialistischen Inhalts zur Verbreitung
zu übergeben. Ferner besorgte Ortner ein russisches Militärgewehr mit
100 Patronen. Im Juni/Juli 1943 wurde die Antifaschistische Freiheitsbewegung enttarnt, Ortner selbst am 20. Juli festgenommen und ins
Wiener landesgerichtliche Gefängnis gebracht. Wegen Vorbereitung
zum Hochverrat im Sinne der Errichtung einer habsburgischen Mo-
narchie, Wehrkraftzersetzung und Feindbegünstigung wurde er vom
Volksgerichtshof aufgrund der Hauptverhandlung vom 9. bis 11. August 1944 zum Tode verurteilt. Besonders angeführt wurde bei ihm,
dass er als Wehrmachtsangehöriger den Eid auf Hitler «schmählich
gebrochen» habe. Ernst Ortner wurde am 22. März 1945 in Wien enthauptet.

Hormayr, «Die Zukunft wird unser Sterben einmal anders beleuchten», S. 120-122 und 125.
Kofler, Osttirol im Dritten Reich, S. 172f und 176.

Online-Datenbank. DeGruyter. Anklage 7(8)J 208/43 und Urteil 5H 58/44, 5H 53/44, 5H 60/44 -- 7(8)J 208/43, 7J 258/43, 7J 80/44.

Josef Pair

geboren 21.7.1875 in Häring
gestorben 24.4.1942 in Innsbruck

 Josef Pair war Bezirksobmann der Sozialdemokratischen Partei in Kitzbühel, wo er für kurze Zeit auch den Posten des Vizebürgermeisters innehatte. Er wurde am 4. Februar 1942 im Zuge der Aufdeckung der linken Widerstandsgruppe «Roby» verhaftet und als einer der Organisatoren in Tirol enttarnt. Er war in Zusammenarbeit mit Leopold Tomschik ein wichtiger Verbindungsmann zur Zentrale in Berlin, nahm an illegalen Besprechungen teil und warb neue Mitglieder für den Widerstand. Der 67-Jährige war den strapaziösen Verhören im Innsbrucker Polizeigefängnis nicht gewachsen und musste ins Krankenhaus Innsbruck eingeliefert werden. Josef Pair verstarb dort am 24. April 1942. Die offiziell ausgestellte Todesursache wurde mit «allgemeiner Herzmuskelschwäche und multiplen Lungeninfarkten» angegeben.

Hormayr, «Ich sterbe stolz und aufrecht», S. 172-174, 185-187, 191-193, 201f. und 228-230.
Widerstand und Verfolgung in Tirol 1, S. 152-154.

Emil Palla

geboren 22.5.1914 in Andratz (Südtirol)
gestorben 18.11.1942 im KZ Sachsenhausen

Emil Palla engagierte sich in Lienz für die Sozialdemokratische Partei und wurde wegen des Vorwurfs des Hochverrats verhaftet. Das Oberlandesgericht Wien legte ihm in seinem Urteil vom 7. Oktober 1939 zur Last, deutschfeindliche Sender, vor allem Radio Moskau, gehört zu haben, um auch andere im kommunistischen Sinne zu beeinflussen. Palla wurde zu einem Jahr und drei Monaten Gefängnis verurteilt und am 10. Oktober 1941 ins KZ Dachau transportiert. Die weiteren Stationen seines Leidensweges waren das KZ Buchenwald und schließlich das KZ Sachsenhausen, wo er am 18. November 1942 ums Leben kam. Als Todesursache wurde «linksseitige offene Lungentuberkulose» angegeben.

Zeugen des Widerstandes, S. 70.
Widerstand und Verfolgung in Tirol 1, S. 129-131.

Hugo Paterno

geboren 19.12.1896 in Bludenz
gestorben 7.7.1944 in München-Stadelheim

 Der Zollwachebeamte Hugo Paterno wurde wegen Kritik an der Führung des Deutschen Reiches zu einer Gehaltskürzung verurteilt und nach Tirol versetzt. Im Sommer 1943 beanstandete er in einer Trafik in Scharnitz die NS-Kirchenpolitik und die Errichtung von Konzentrationslagern. Die «SS-Horden» bezeichnete er als «Barbaren». Paterno erwähnte auch, dass die «braune Herrlichkeit» vor dem Zusammenbruch stehe. Vorgesetzte, die von seinen antinationalsozialistischen Äußerungen in Kenntnis gesetzt wurden, sahen sich gezwungen, diese auf dem Dienstweg weiterzumelden. Daraufhin schaltete sich die Gestapo ein, verhaftete Paterno und überstellte ihn ins landesgerichtliche Gefängnis nach Innsbruck. In Berlin-Plötzensee wurde er auf seinen psychischen Gesundheitszustand untersucht, jedoch als zurechnungsfähig eingestuft. Der Volksgerichtshof in München verurteilte ihn am 11. Mai 1944 wegen Wehrkraftzersetzung zum Tode. Hugo Paterno wurde am 7. Juli 1944 in München-Stadelheim enthauptet.

Hormayr, «Die Zukunft wird unser Sterben einmal anders beleuchten», S. 185-187.
Zeugen des Widerstandes, S. 70f.
Tiroler Landesarchiv, Landesgericht Innsbruck, 10 Vr 3701/47.

Johann Pechriggl

geboren 20.4.1878 in Itter
gestorben 21.6.1940 im KZ Sachsenhausen

Johann Pechriggl lebte als Bauer hoch über Kundl am Bracherhof und gehörte den Zeugen Jehovas an. Er wurde am 5. Dezember 1939 verhaftet und ins landesgerichtliche Gefängnis in Innsbruck eingeliefert. Pechriggl dürfte ebenso wie andere inhaftierte Zeugen Jehovas eine Loyalitätserklärung gegenüber dem nationalsozialistischen Staat verweigert haben und wurde am 29. Februar 1940 in das KZ Sachsenhausen überstellt. Die dortigen Haftbedingungen überlebte der 62-Jährige nur wenige Monate; am 21. Juni 1940 verstarb Johann Pechriggl in Sachsenhausen.

Jehovas Zeugen Österreich, Geschichtsarchiv, Auskunft zu Johann Pechriggl.
Gedenkstätte und Museum Sachsenhausen, Auskunft vom
11.6.2001 an Jehovas Zeugen Österreich.
Achrainer, Zeugen.

Maria Peskoller

geboren 5.12.1902 in Görtschach-Dölsach
gestorben 23.12.1944 in Graz

 Maria Peskoller entstammte einer Bauernfamilie aus der Gemeinde Dölsach in Osttirol. Ihr Mann Josef war Eisenbahner und Mitglied der Sozialdemokratischen Arbeiterpartei. Mitte der 1930er Jahre fand er seine politische Heimat in der Kommunistischen Partei. 1932 zog die Familie von Lienz nach Villach. Bereits während des Austrofaschismus war sie aufgrund ihrer politischen Gesinnung von Repressionen betroffen, Josef Peskoller wurde wiederholt inhaftiert. Auch während der NS-Zeit verbrachte er viele Jahre im Gefängnis. In dieser Zeit wurde Maria Peskoller zu einer zentralen Figur des Widerstandes in Villach. Sie knüpfte ein breites Kontaktnetz mit verschiedenen Partisanengruppen und entflohenen ZwangsarbeiterInnen. Im Juni 1944 begann sie zusammen mit Bekannten, eine Partisanengruppe im Raum Villach aufzubauen. Deserteure und Wehrdienstverweigerer wurden im Wald versteckt und mit untergetauchten ZwangsarbeiterInnen in Verbindung gebracht. Im Jahre 1944 gewährte sie Erich Ranacher, einem verwundeten Deserteur aus Lienz, Unterschlupf. Im November 1944 wurde Peskoller gemeinsam mit ihrer 16-jährigen Tochter Helga verhaftet und im Gestapo-Gefängnis Klagenfurt eingesperrt. Den Prozess gegen die Villacher Partisanengruppe in Klagenfurt leitete der berüchtigte Präsident des Volksgerichtshofes, Dr. Roland Freisler. Maria Peskoller wurde am 18. Dezember wegen der Unterstützung der Partisanengruppe zum Tode verurteilt und am 23. Dezember 1944 in Graz durch das Fallbeil hingerichtet.

Zeugen des Widerstandes, S. 73.
http://www.net4you.com/haiderftp/namen/peskoller.html (eingesehen am 4.3.2011).
Rettl, Weiblicher Widerstand, S. 117-125.

Oskar Pfeifer

geboren 1.3.1892 in Imst
gestorben 4.5.1945 in Zams

Oskar Pfeifer war Anfang Mai 1945 in Imst kurz vor dem Einmarsch der US-amerikanischen Truppen als Ordner eingesetzt. In der Stadt hatte sich das Gerücht verbreitet, dass durch Terroraktionen der Nationalsozialisten das weitere Vorrücken der Alliierten, die bereits bis zum Fernpass vorgedrungen waren, verhindert werden sollte. Als am 1. Mai ein Holzschuppen des Steueramtes am Stadtplatz in Brand geriet, kam es zu Auseinandersetzungen zwischen Parteianhängern und Teilen der Bevölkerung. Dabei gerieten der Bannführer der Hitlerjugend und Pfeifer aneinander. Im Zuge der Streitigkeiten wurde Oskar Pfeifer durch einen Kopfschuss so schwer verletzt, dass er wenige Tage später am 4. Mai 1945 im Krankenhaus Zams seinen Verletzungen erlag.

Hormayr, «Die Zukunft wird unser Sterben einmal anders beleuchten», S. 221f.
Tiroler Landesarchiv, Opferfürsorgeakt Barbara Pfeifer.

Anton Pils

geboren 22.8.1914 in Jenbach
vermisst seit 1937 in Spanien

Anton Pils betätigte sich während des Austrofaschismus illegal für die KPÖ, speziell für den Kommunistischen Jugendverband. Er war einer der Exponenten, die sich für einen Zusammenschluss von KommunistInnen und SozialdemokratInnen mit den Revolutionären Sozialisten einsetzten. 1934 saß Pils wegen der Verbreitung kommunistischer Druckwerke in Untersuchungshaft. Im Juni 1935 war er wieder zur Verhaftung ausgeschrieben. Pils floh in die Tschechoslowakei, wo er Verwandte hatte und weiterhin gegen die Diktatur in Österreich aktiv war. Im Mai 1937 zog er in den Kampf gegen den spanischen Faschismus. Als Mitglied einer Spezialeinheit wurde Anton Pils im Oktober 1937 verwundet und in ein Krankenhaus gebracht. Seitdem gilt er als vermisst.

Stepanek, Lebenswege Tiroler Spanienkämpfer, S. 201.
Widerstand und Verfolgung in Tirol 1, S. 21 und 97-99.

Hugo Pircher

geboren 12.8.1906 in Innsbruck
gestorben 29.9.1944 in Berlin-Spandau

Im Jahr 1937 wanderte Hugo Pircher nach England aus und arbeitete als Fechtlehrer an der Universität in Oxford. Mit dem Kriegsausbruch 1939 kehrte er nach Deutschland zurück und wurde 1940 auf die Insel Rügen dienstverpflichtet, wo er in einem Rüstungsbetrieb als technischer Zeichner arbeitete. Gegenüber seinen Kameraden äußerte er sich wiederholt abfällig über das System. So bezeichnete er dieses als «barbarische Tyrannei», Hitler nannte er einen «Verbrecher und Narren» und Göbbels einen «verlogenen Hetzer». Pircher wurde aufgrund seiner antinationalsozialistischen Aussagen wegen Wehrkraftzersetzung und Hochverrat angezeigt. Nach der Internierung in unterschiedlichen Gefängnissen wurde er ins Wehrmachtsgefängnis Berlin-Spandau eingeliefert. Seine Verurteilung zum Tod erfolgte im Juli 1944. Hugo Pircher wurde am 29. September 1944 hingerichtet. In einem Abschiedsbrief an seine Mutter schrieb er: «Und einen Menschen einfach zu töten, weil er ein paar Worte gequatscht hat, oder irgend eine beleidigende Äusserung getan hat, die irgend einen der Regierungsmitglieder betraf, ist mehr als Terror.»

Hormayr, «Die Zukunft wird unser Sterben einmal anders beleuchten», S. 160-162.
Tiroler Landesarchiv, Opferfürsorgeakt Magdalena Pircher.

Viktor da Pont

geboren 12.8.1896 in Kitzbühel
gestorben 30.6.1944 in München-Stadelheim

Viktor da Pont wurde als Sohn eines eingewanderten Italieners in Kitzbühel geboren, wo er als Friseur tätig war. Er sympathisierte zunächst mit der Sozialdemokratischen Partei, trat aber 1932 der NSDAP bei. Im Juni 1941 wurde er von Johann Pair mit dem kommunistischen Agitator Robert Uhrig bekannt gemacht und nahm an mehreren Treffen der Gruppe «Roby» teil. Er verwahrte auch einen Koffer mit marxistischen Büchern, die Uhrig nach Kitzbühel mitgenommen hatte. Die Gestapo verhaftete da Pont im Februar 1942 und überstellte ihn am 8. Jänner 1943 ins KZ Dachau. Obwohl da Pont nicht zu den eifrigsten Mitgliedern der Gruppe zählte, verurteilte ihn der Volksgerichtshof am 14. April 1944 in München zum Tod – offenbar war dafür seine Parteizugehörigkeit ausschlaggebend. Im Urteil hieß es, da Pont und Hans Vogl hätten «dem Führer die Treue gebrochen und sich als Todfeinde des Nationalsozialismus verschworen». Die letzten Wochen seines Lebens verbrachte Viktor da Pont mit Georg Gruber in einer Zelle in München-Stadelheim, wo er am 30. Juni 1944 hingerichtet wurde.

Online-Datenbank. De Gruyter. Anklage 10(9)J 819/43g, Urteil 6H 28/44 -- 10(9)J 819/43g.
Zeugen des Widerstandes, S. 77-80.

Josef (Ordensname Edmund) Pontiller

geboren 4.11.1889 in Göriach bei Dölsach
gestorben 9.2.1945 in München-Stadelheim

Josef Pontiller trat 1912 in den Orden der Benediktiner ein und wirkte nach dem Abschluss seines Theologiestudiums in Innsbruck und

Bayern, wo er sich vor allem der Jugendarbeit widmete. Im Oktober 1936 floh Pontiller von Bayern nach Oberösterreich, da ihm wegen angeblichen «Kanzelmißbrauches» eine Verhaftung durch die Gestapo drohte. Im Oktober 1938 musste der Benediktinerpater nach Ungarn auswandern. Seine scharfe Kritik gegen das NS-Regime hatte dort schließlich im Mai 1944 seine endgültige Verhaftung zur Folge. Die Anklageschrift, die ihn des Rundfunkverbrechens, der Wehrkraftzersetzung und der Feindbegünstigung beschuldigte, stützte sich in erster Linie auf einen Brief Pontillers aus dem Jahr 1942, der in den Augen der Ankläger eine «hasserfüllte Greuelhetze gegen das Deutsche Reich, insbesondere den Führer» darstellte. Darin kritisierte er die Politik Hitlers, den er als «Nero auf deutschem Thron» bezeichnete, und verurteilte die NS-Repressalien gegen die Kirche scharf. Unter dem Vorsitz von Roland Freisler, dem Präsidenten des Volksgerichtshofes, wurde Josef Pontiller noch im Jahr 1944 zum Tode verurteilt und am 9. Februar 1945 in München-Stadelheim enthauptet.

Zeugen des Widerstandes, S. 74.
Naupp, P. Edmund (Josef) Pontiller OSB, S. 87-105.
Online-Datenbank. De Gruyter. Anklage 3J 1870/44.

Erich Ranacher

geboren 18.2.1923 in Lienz
gestorben 23.12.1944 in Graz

Erich Ranacher, Buchdruckermaschinenmeister in Lienz, wurde am 10. September 1943 zum Gebirgsjäger-Ersatzregiment 139 eingezogen. Nach einem Einsatz im Kaukasus, wo seine Einheit aufgerieben wurde, desertierte er und schloss sich für kurze Zeit slowenischen Partisanenverbänden an. Ab Sommer 1944 beteiligte er sich an einer Partisanengruppe im Raum Villach, die sich aus Deserteuren, Wehrdienstverweigerern und ZwangsarbeiterInnen gebildet hatte. Ziel der Gruppe war es, das lokale NS-System durch Sabotageakte zu bekämpfen. Es kam zu mehreren Schießereien mit den nationalsozialistischen Verfolgern. Ein Landwachtmann wurde dabei erschossen und Ranacher verletzt. Er konnte bei Maria Peskoller, einer Initiatorin und Unterstützerin der Gruppe, untertauchen. Die Widerstandsgruppe flog im November 1944 auf, nahezu alle Mitglieder wurden verhaftet. Der Prozess fand am 18. und 19. Dezember im Landesgericht Klagenfurt statt und wurde vom Volksgerichtshof unter der Leitung des berüchtigten Dr. Roland Freisler geführt. Acht Angeklagte wur- den zum Tode verurteilt und Erich Ranacher am 23. Dezember 1944 in Graz hingerichtet.

Zeugen des Widerstandes, S. 76.
Kofler, Osttirol, S. 175.
Online-Datenbank. De Gruyter. Anklage 11J 418/44.
Rettl, Weiblicher Widerstand, S. 117-125.

Josef Ratzesberger

geboren 4.2.1899 in Putzleinsdorf (Kreis Rohrbach, Oberösterreich)
gestorben 28.12.1944 im KZ Mauthausen

Josef Ratzesberger arbeitete als Hilfsarbeiter in verschiedenen Papierfabriken des In- und Auslandes und kam nach längerer Arbeitslosigkeit 1934 nach Innsbruck, wo er dauerhafte Anstellung in der Schafwollwarenfabrik Franz Baur's Söhne in Mühlau fand. Am 8. August 1941 wurde er gemeinsam mit seinem Arbeitskollegen Johann Muglach verhaftet. Am 25. September 1941 erhob die Generalstaatsanwaltschaft beim Oberlandesgericht Wien Anklage gegen die beiden Arbeiter sowie die wenige Tage später verhaftete Weberin Paula Klotz wegen fortgesetzter kommunistischer Mundpropaganda und der Vorbereitung zum kommunistischen Hochverrat. In der Hauptverhandlung vor einem Senat des Oberlandesgerichtes Wien, die im Februar 1942 in Innsbruck stattfand, bestätigten zahlreiche ZeugInnen die wiederholt von den drei Angeklagten geäußerte Kritik am NS-Staat. Ratzesberger wurde zu einer Zuchthausstrafe von zwei Jahren verurteilt und in die bayrischen Zuchthäuser Kaisheim bei Ingolstadt und später Amberg überstellt. Ab dem 21. September 1943 befand sich Ratzesberger als Schutzhäftling im KZ Mauthausen, wo er nach Verbüßung seiner Haftstrafe weiter festgehalten wurde. Im Jänner 1944 vorübergehend zur Wehrmacht entlassen, kehrte er im März 1944 «als für die Wehrmacht ungeeignet» in die Haft zurück. Ab dem 28. September 1944 war Ratzesberger wieder im KZ Mauthausen. Am 28. Dezember 1944 verzeichnet das Sterberegister seinen Tod im Nebenlager «Quarz» in Melk an der Donau.

Online-Datenbank. DeGruyter. OJs 162/41.
Tiroler Landesarchiv, Opferfürsorgeakt Maria Ratzesberger.

Anton Rausch

geboren 6.11.1913 in Kirchbichl
gestorben 30.6.1944 in München-Stadelheim

Anton Rausch war Leiter der Konsumfiliale (später Tiroler Verbrauchsgenossenschaft) in Kitzbühel. Schon früh hatte er sich der Arbeiterbewegung angeschlossen und musste nach dem Februaraufstand 1934 einige Wochen in Haft verbringen. Nach Ansicht der Ge-

stapo und des Volksgerichtshofes war er einer der
führenden Köpfe jener kommunistischen Gruppe,
die nach dem Decknamen ihres Berliner Initiators
Robert Uhrig Gruppe «Roby» genannt wurde.
Der Volksgerichtshof legte ihm zahlreiche Treffen
während Uhrigs zweimaliger Tirol-Aufenthalte
und dazwischen zur Last. Rausch nahm an Besprechungen in Mariastein, Kitzbühel, Windau, Hopfgarten und Kufstein teil, wobei Rausch einige Personen für die Gruppe angeworben
haben soll. Neben den Treffen, die in erster Linie der Information
über die politische Lage und der Anweisungen für die illegale Arbeit
dienten, zahlten die Mitglieder Beiträge für die illegale Arbeit, über-
nahmen marxistische Schriften und warben weitere Mitglieder. In
Berlin gelang es der Gestapo, Spitzel in die Organisation einzuschleusen; Robert Uhrigs zweite Tirol-Reise im Herbst 1941 wurde detailliert beobachtet. Die Gestapo verhaftete Anton Rausch am 4. Februar
1942. Vom 8. Jänner bis zum 23. September 1943 verbrachte Rausch
seine «Untersuchungshaft» im KZ Dachau. Der 6. Senat des Volksgerichtshofes verurteilte ihn am 14. April 1944 in München «wegen
organisatorischer und agitatorischer Vorbereitung zum Hochverrat in
Tateinheit mit landesverräterischer Begünstigung» zum Tod. Ein Ge-
dicht aus dem Gefängnis und sein Abschiedsbrief an den Vater sind in
dem Buch «Zeugen des Widerstandes» veröffentlicht. Anton Rausch
wurde am 30. Juni 1944 in München-Stadelheim hingerichtet.

Online-Datenbank. De Gruyter. Anklage 10(9).
J 819/43g, Urteil 6H 28/44 -- 10(9)J 819/43g.
Hormayr, «Ich sterbe stolz und aufrecht», S. 171-173, 185-189, 191-194, 201f, 204f, 214f und 221f.
Zeugen des Widerstandes, S. 77-80.

Franz Reinisch

geboren 1.2.1903 in Feldkirch

gestorben 21.8.1942 in Berlin-Brandenburg

Franz Reinisch begann im Herbst 1923 sein Theologiestudium und
wurde 1928 in Innsbruck zum Priester geweiht. Zwei Jahre später trat
er in den Pallottinerorden ein. Seine seelsorglichen Aufgaben führten

ihn in viele Orte Deutschlands und Österreichs.
In seinen Predigten und Reden vertrat er eine ab-
lehnende Haltung gegenüber der NS-Ideologie.
Im September 1940 erhielt er deshalb ein für das
ganze Deutsche Reich geltendes Redeverbot. Im
April 1941 wurde Reinisch in die Wehrmacht einberufen. Reinisch meldete sich umgehend bei der

Stellungskommission, um seiner Entscheidung, den Treueeid auf Hitler zu verweigern, Ausdruck zu verleihen. Er wurde daraufhin festgenommen und am 7. Juli 1942 wegen Wehrkraftzersetzung zum Tode verurteilt. In seiner Schlusserklärung befürwortete Reinisch zwar den Kampf gegen den «Bolschewismus», warf dem NS-Regime aber vor, dass es mit seiner kirchenfeindlichen Politik selbst bolschewistisch handle. Pater Franz Reinisch wurde am 21. August 1942 in Berlin-Brandenburg enthauptet. Er war der einzige Priester im «Dritten Reich», der den Eid auf Hitler verweigerte und deshalb hingerichtet wurde.

Brantzen, Pater Franz Reinisch.
Zeugen des Widerstandes, S. 80-83.
Köck, P. Franz Reinisch SAC, S. 107-120.
Widerstand und Verfolgung in Tirol 2, S. 509f.

Anton Rettenbacher

geboren am 18.2.1922 in Sautens
gestorben am 3.5.1945 in Sautens

Anton Rettenbacher war als Kraftwagenfahrer im Betrieb seines Bruders Hans tätig. Gemeinsam mit zwei weiteren Brüdern, Hermann und Georg, schloss sich Anton Rettenbacher der Ötztaler Widerstandsbewegung an. Am 24. Oktober 1944 flüchteten die drei Brüder vor der Gestapo, die Hermann Rettenbacher verhaften wollte. Bis zum 2. Mai 1945 hielten sie sich in der Gegend des Piburger Sees versteckt. Nachdem sie am Abend des 2. Mai von der Kapitulation der Südarmee gehört hatten, machten sie sich zusammen mit zwei Deserteuren auf den Weg nach Piburg und weiter nach Sautens. Dort begab sich ein Teil der Gruppe noch in der Nacht in das Haus, in dem der Bürgermeister und der Ortsgruppenleiter mit ihren Familien lebten, um ihnen «ordentlich die Meinung zu sagen» und die Schlüssel zur Gemeindekanzlei sicherzustellen. Während sie im Hausgang mit der Frau des Ortsgruppenleiters sprachen, wurde plötzlich aus dem ersten Stock hinuntergeschossen. Eine Kugel traf Anton Rettenbacher tödlich. Der Täter, Emil Parth, wurde beim anschließenden kurzen Feuergefecht selbst schwer verletzt und starb nach einigen Wochen.

Tiroler Landesarchiv, Landesgericht Innsbruck, 10 Vr 369/45.
Hormayr, «Die Zukunft wird unser Sterben einmal anders beleuchten», S. 225f.
Widerstand und Verfolgung 2, S. 554-560.
Tiroler Landesarchiv, Opferfürsorgeakt Agnes Rettenbacher.

Johann Rieder

geboren 29.12.1913 in Stummerberg
gestorben am 4.5.1945 in Stumm

Der Bauernsohn Johann Rieder galt als führender Kopf der Widerstandsbewegung am Stummberberg. Als er am 4. Mai 1945 bekannte Nationalsozialisten in Stumm verhaftete, wurde er durch einen Kopfschuss getötet. Die näheren Umstände konnten nicht aufgeklärt werden. Er hinterließ seine Frau Marianna mit drei kleinen Kindern.

Tiroler Landesarchiv, Opferfürsorgeakt Marianna Rieder.

Narciso Riet

geboren 30.9.1908 in Mülheim an der Ruhr
gestorben Anfang 1945 in Berlin

 Narciso Riet, der als Sohn italienischer Eltern in Deutschland geboren und Franzl genannt wurde, war jahrelang der Verbindungsmann zwischen dem «Bibelhaus» in Bern, der Zentrale der deutschsprachigen Zeugen Jehovas, und den illegalen Gruppen der Bibelforscher in einem Großteil des «Großdeutschen Reiches». Er war ständig unterwegs, um die isolierten Gruppen in den einzelnen Orten zu bestärken und mit dem «Wachtturm» zu versorgen. In dieser Mission kam er Ende Dezember 1942 auch nach Innsbruck, wo es ihm gelang, Matthäus Burgstaller zur Mitarbeit an der Herstellung des «Wachtturms» zu bewegen. Riet war offenbar selbst stark an der Erstellung verschiedener Schriften als Autor und als Organisator der Vervielfältigung beteiligt. Von März 1943 an lebte er illegal in Innsbruck und organisierte von hier aus seine verschiedenen Tätigkeiten für die Zeugen Jehovas. In Innsbruck verfasste er auch mehrere Flugblätter, deren Inhalt in der Anklageschrift des Oberreichsanwaltes auszugsweise wiedergegeben wird. Es handelt sich dabei um Stellen, in denen der Nationalsozialismus schlicht als «das Werk Satans» interpretiert wird. Im August 1943 flüchtete Riet nach Italien, wurde aber einige Zeit nach dem Einmarsch der Wehrmacht in Cernobbio von der Gestapo aufgespürt und vor dem Volksgerichtshof angeklagt. Am 28. November 1944 verurteilte ihn dessen 3. Senat wegen Wehrkraftzersetzung zum Tod. Der genaue Zeitpunkt und die Umstände seines Todes sind nicht einwandfrei geklärt. Vor dem Prozess war Riet im KZ Dachau in Ketten gelegt inhaftiert; er wurde dann zu weiteren Ermittlungen nach Berlin gebracht. Vermutlich starb er Anfang 1945 in der Haft.

Online-Datenbank. De Gruyter. Anklage 6J 87/44 Urteil 3L 486/44 -- 6J 87/44.
Garbe, Zwischen Widerstand, S. 339f.
Archiv KZ-Gedenkstätte Dachau.

Hedwig Romen

geboren 24.12.1885 in Heimsoot (Westpreußen)
gestorben 20.10.1942 im KZ Auschwitz

Hedwig Romen lebte als Buchhalterin in Innsbruck und gehörte den Zeugen Jehovas an. Sie wurde am 22. Februar 1939 verhaftet und am 15. Juni 1939 in das KZ Ravensbrück transportiert. Von dort kam sie in das KZ Auschwitz, wann ist nicht bekannt. Der Zeuge Jehovas Felix Defner berichtete, dass sie in Auschwitz «dem Staat in ihrem Mut auch arbeitsmäßig keinen Dienst» geleistet habe. Hedwig Romen starb am 20. Oktober 1942 an Typhus in Auschwitz.

Jehovas Zeugen Österreich, Geschichtsarchiv, Auskunft zu Hedwig Romen.
Tiroler Landesarchiv, Opferfürsorgeakt Heinrich Romen.
Achrainer, Zeugen.

Josef Salcher

geboren 18.3.1890 in Bannenberg bei Lienz
gestorben 23.4.1940 im KZ Sachsenhausen

Josef Salcher lebte in Lienz und gehörte den Zeugen Jehovas an. Über ihn ist kaum etwas bekannt. Mit einem weiteren Zeugen Jehovas wurde Salcher am 27. September 1939 in Lienz verhaftet und anschließend – vermutlich am 14. Dezember 1939 – in das KZ Sachsenhausen überstellt. Dort starb Josef Salcher bereits wenige Monate später, am 23. April 1940.

Wie bei allen Zeugen Jehovas ist auch bei ihm anzunehmen, dass er sich weigerte, eine Loyalitätserklärung für den nationalsozialistischen Staat zu unterzeichnen.

Jehovas Zeugen Österreich, Geschichtsarchiv, Auskunft zu Josef Salcher.
Achrainer, Zeugen.

Thomas Salvenmoser

geboren 6.2.1895 in Scheffau
gestorben 15.9.1944 in Innsbruck

Thomas Salvenmoser war Eisenbahner und lebte mit seiner Familie in Kufstein. Er gehörte zum Bekanntenkreis der Kommunistin Adele Stürzl, ohne sich selbst politisch zu betätigen. Am 11. November 1942 wurde er vom Sondergericht Innsbruck gemeinsam mit Stürzl und zwei weiteren Angeklagten des Vergehens der Wehrkraftzersetzung für schuldig befunden und zu zehn Monaten Gefängnis verurteilt. Salvenmoser hatte auf Ersuchen Stürzls einen Brief an Adele Obermayr überbracht, in der diese um Hilfe bei der Suche nach einer Fluchtmöglichkeit für einen Deserteur gebeten wurde. Aufgrund dieser Verurteilung wurde er wenig später von der Deutschen Reichsbahn entlassen. Seine Ehefrau Elisabeth Salvenmoser war im Juni 1942 im Zusammenhang mit der Zerschlagung der Widerstandsgruppe um Anton Rausch und Adele Stürzl verhaftet und im April 1944 zu einer Gefängnisstrafe von einem Jahr und sechs Monaten verurteilt worden. Im Zusammenhang mit diesen Ermittlungen wurde auch gegen Thomas Salvenmoser erneut Anklage erhoben und wegen fortgesetzten Abhörens ausländischer Radiosender vom Oberlandesgericht Wien am 13. September 1944 eine Gesamthaftstrafe von einem Jahr und zehn Monaten Zuchthaus verhängt. Zwei Tage später verstarb Salvenmoser im Landesgerichtlichen Gefangenenhaus Innsbruck an einem Schlaganfall.

Online-Datenbank. De Gruyter. Urteil 7 OJs 179/44.
Tiroler Landesarchiv, Sondergericht Innsbruck, KLs 139/42 und 183/42.

Josef Schmiderer

geboren 23.2.1878 in Rinn
gestorben 15.2.1945 in Münster bei Dieburg (Hessen)

Josef Schmiderer, gelernter Zimmermann, versah mit seiner Frau Maria den Mesnerdienst in Maria Brettfall über Strass am Eingang des Zillertales. Mehrere Wochen hindurch unterstützten sie einen Deserteur und wurden deswegen vom Sondergericht Innsbruck am 16. April 1943 zu je drei Jahren Zuchthaus verurteilt. Maria Schmiderer, die bereits zwei Monate in Haft war, musste ihre Strafe sofort antreten und erhielt im Oktober 1944 eine Strafunterbrechung bis zur Rückkehr ihres Mannes. Dieser hatte aus Existenzgründen einen Strafaufschub bis zum 17. Juni 1944 erhalten.

Josef Schmiderer musste seine Haft im Gefangenenlager Rodgau in Hessen verbüßen. Die nationalsozialistische Justizverwaltung hatte mehrere solche Straflager errichtet, die wegen der schlechten Haftbedingungen und der anstrengenden Arbeit häufig mit Konzentrationslagern verglichen oder gleichgesetzt wurden. Der 66-jährige Josef Schmiderer überlebte diese Haft nicht; er starb nach sieben Monaten am 15. Februar 1945.

Tiroler Landesarchiv, Sondergericht Innsbruck, KLs 54/1943.
Tiroler Landesarchiv, Opferfürsorgeakt Maria Schmiderer.
Hormayr, «Die Zukunft wird unser Sterben einmal anders beleuchten», S. 194-198.

Johann Schmidt

geboren 26.2.1901 in Wien
gestorben 4.1.1945 in Graz

 Johann Schmidt trat 1932 in die Ortsgruppe Kufstein der KPÖ ein und betätigte sich in Schwoich als Zellenkassier. Auch in der NS-Zeit versuchte er, auf seinem Arbeitsplatz für den Kommunismus zu werben, und sagte Deutschland die Kriegsniederlage voraus. Schmidt stand in Verbindung mit der kommunistischen Gruppe um Robert Uhrig, mit dem er sich ebenso traf wie etwa mit Adele Stürzl, einer führenden Kufsteiner Kommunistin. Seiner Frau und seinem Sohn schrieb er von seinem Arbeitseinsatz in Estland aus Briefe, in denen er das NS-Regime kritisierte und sich zu seiner linken Weltanschauung bekannte, die er niemals ändern wolle. Schmidt hörte Feindsender und wurde deshalb und wegen NS-feindlicher Aussagen denunziert. Am 7. August 1942 erfolgte seine Festnahme während des Heimaturlaubes in Schwoich. Wegen Vorbereitung zum Hochverrat und Feindbegünstigung wurde Johann Schmidt vom Volksgerichtshof in Graz aufgrund der Hauptverhandlungen vom 15. und 18. November 1944 zum Tode verurteilt und am 4. Jänner 1945 hingerichtet. In der Urteilsbegründung hieß es unter anderem: «Bei dem Angeklagten ist keinerlei Milde am Platze. Er hat sich durch seine unablässige kommunistische Hetze als ein äusserst gefährlicher Zersetzer und Volksschädling erwiesen.»

Online-Datenbank. De Gruyter. Anklage 10(9)J 0/43g und Urteil 6L 222/44 -- 10(9)J 1230/43g.
Tiroler Landesarchiv, Landesgericht Innsbruck, 10 Vr 2452/46.
Hormayr, «Die Zukunft wird unser Sterben einmal anders beleuchten», S. 170, 175, 178f., 190f. und 222-227.

Albert Alois Schnitzer

geboren 14.5.1902 in Innsbruck
gestorben 13.1.1942 im KZ Flossenbürg

Der Maschinenschlosser und Seemann Albert Alois Schnitzer zog 1929 von Innsbruck weg. Im Spanischen Bürgerkrieg kämpfte er an der Seite der Republikanischen Armee gegen den Franco-Faschismus. Am 14. November 1940 wurde Schnitzer in Paris verhaftet. Die Tiroler Gestapo legte Wert darauf, ihn in Innsbruck zu verhören, wo er vom 8. März bis 16. Mai 1941 inhaftiert war. Am 19. Mai traf Albert Alois Schnitzer im KZ Flossbenbürg ein, wo er am 13. Jänner 1942 ums Leben kam.

Stepanek, Lebenswege Tiroler Spanienkämpfer, S. 203.

Johann Schroffner

geboren 10.5.1891 in Thalgau (Salzburg)
gestorben 14.4.1940 im KZ Buchenwald

 Johann Schroffner trat nach seiner Matura in das Salzburger Priesterseminar ein und wurde 1915 zum Priester geweiht. Bis 1931 war er als Ko-operator in zahlreichen Salzburger und Tiroler Gemeinden tätig, ehe er 1936 mit einer eigenen Pfarre in Oberndorf betraut wurde. Schroffner war ein glühender Anhänger von Bundeskanzler Engelbert Dollfuß und Mitglied der Vaterländischen Front. Dass sein politisches Engagement für das austrofaschistische Regime von starkem Fanatismus getragen wurde, lässt ein Brief Schroffners an einen Vorgesetzten aus dem Jahr 1936 erahnen: «Dr. Dollfuß wollte ein katholisches Österreich, nicht ein Österreich, in dem die freisin-nigen Hanswursten wieder die Oberhand gewinnen. Dagegen wehre ich mich mit aller Kraft.» Dieser Einstellung schwor er auch nach der NS-Machtergreifung nicht ab. Seine Äußerung «Man soll lieber die Parteibonzen in die Kanonen stecken und dem Göring in den Hin-tern schießen», führte am 2. August 1939 zu seiner Verhaftung. Von Innsbruck aus wurde Schroffner ins KZ Dachau überstellt und später in das KZ Buchenwald deportiert. Dort starb er in der Bunkerhaft qualvoll an einer Benzininjektion und den Folgen der erlittenen Miss-handlungen.

Engelmann/Hintermaier, Johann Schroffner, S. 267-280.
Zeugen des Widerstandes, S. 87.
Widerstand und Verfolgung in Tirol 2, S. 326 und 346.

Franz Schwab

geboren 12.9.1894 in Schwaz
gestorben 6.4.1945 im KZ Mauthausen

Franz Schwab war Tischlergehilfe und lebte mit seiner Familie in Schwaz. Seine Verhaftung im Februar 1943 erfolgte nach einer Aus-einandersetzung in einem vollbesetzten Lokal in Schwaz, in dem Schwab und der Wehrmachtsangehörige Ferdinand Schachinger sich angeblich abfällig über HJ, SA, SS äußerten und einen der Anwesen-den aufforderten, das Parteiabzeichen von seiner Jacke zu entfernen. Wer die beiden denunzierte, konnte nach 1945 nicht geklärt werden. Während Schachinger später an seinem Einsatzort an der Westfront verhaftet und nach diversen Gefängnisaufenthalten in Innsbruck vor dem Militärgericht angeklagt, aber wegen widersprüchlicher Zeugenaussagen freigesprochen wurde, überstellte die Gestapo Innsbruck Schwab am 24. April 1943 als Schutzhäftling in das KZ Mauthausen. Zwischen dem 3. August 1943 und dem 29. November 1944 war er dem KZ-Außenlager Wiener Neudorf zugeteilt, in dem die Häftlinge als Zwangsarbeiter für die Flugmotorenwerke Ostmark eingesetzt waren. Ab Dezember 1944 befand sich Schwab im Lager «Quarz» in Melk/Donau, wo er am 6. April 1945 an «Kreislaufschwäche» verstarb.

Internationaler Suchdienst Bad Arolsen.
Tiroler Landesarchiv, Landesgericht Innsbruck, 10 Vr 1117/47.

Nikolaus Schwarz

geboren 28.2.1898 in Fließ
gestorben 10.2.1944 in München-Stadelheim

Nikolaus Schwarz war Bediensteter der Bundesbahnen und von 1934 an in Kirchberg eingesetzt; 1939 versetzte ihn die Deutsche Reichsbahn nach Bruck an der Glocknerstraße und schließlich nach Salzburg. Im Reichsbahnlager Parsch bei Salzburg kam Schwarz in näheren Kontakt zu französischen Kriegsgefangenen. Er verfasste im März 1943 einen Aufruf, der sich offenbar an Kriegsgefangene richtete. Sie wurden darin aufgefordert, in der «Stunde der Abrechnung» mit den Österreichern gegen die «Nazi- und Hitlerbanditen» anzutreten. Schwarz ließ diesen Aufruf von einem Kriegsgefangenen ins Französische übersetzen. Durch Zufall fiel das Schreiben der Kriminalpolizei in die Hände. Nikolaus Schwarz wurde am 3. Dezember 1943 vom 6. Senat des Volksgerichtshofes wegen Feindbegünstigung und Vorbereitung zum Hochverrat zum Tod verurteilt; das Urteil wurde am 10. Februar 1944 in München-Stadelheim vollstreckt.

Online-Datenbank. DeGruyter. Urteil 6H 185/43 -- 8J 132/43g.
Hormayr, «Ich sterbe stolz und aufrecht», S. 59f.
Zeugen des Widerstandes, S. 88.

Karl Seemann

geboren 8.4.1920 in Lans
gestorben 29.9.1942 in Innsbruck

Karl Seemann steht in diesem Buch stellvertretend für eine unbekannte Zahl von jungen Männern, die sich einem Kriegseinsatz entziehen wollten und dafür hingerichtet wurden.

Der junge Mann hatte sich durch eine relativ geringfügige Verletzung vor einem Einsatz an der Front schützen wollen. Ein offenbar durch eine unvorsichtige Äußerung davon informierter zufälliger Zeuge veranlasste die Anzeige, und das Gericht der Division 188 in

Innsbruck, das wohl vorwiegend aus einheimischen Beamten zusammengesetzt war, verurteilte ihn zum Tod. Die Hinrichtung erfolgte in einem Steinbruch in der Nähe der Sillschlucht am Paschberg. Nur durch einen Zufall ist dieser Fall bekannt geworden. Da nicht nur die Polizei-, sondern auch die Wehrmachtsgefängnisse regelmäßig überfüllt waren, wurde Seemann im landesgerichtlichen Gefangenenhaus inhaftiert. Dessen Vorstand informierte in einem Aktenvermerk den Generalstaatsanwalt von einem unkorrekten Ablauf bei der Hinrichtung Seemanns. Während es «bisher immer üblich war», dass Organe des Militärgerichts die Ablehnung des Gnadengesuchs mitteilten, erschien diesmal nur ein Wachebeamter mit dem Geistlichen. Diese Formverletzung gibt uns einen kleinen Einblick in die der Forschung bisher noch völlig unbekannte «Normalität» der Hinrichtung von Soldaten in Innsbruck.

Tiroler Landesarchiv. Oberstaatsanwaltschaft Innsbruck,
General- und Sammelakten, 441E-94.
Persönliche Mitteilung von Rosi Hirschegger, Innsbruck.

Antonia Setz

Geburtsdatum und -ort unbekannt
gestorben im KZ Ravensbrück, Datum unbekannt

Franz Setz

geboren 17.1.1886 in Taufkirchen (Oberösterreich)
gestorben 9.2.1939 im KZ Dachau

Das Ehepaar Setz aus Innsbruck gehörte zu den ersten verhafteten ZeugInnen Jehovas in Tirol. Von Franz Setz ist bekannt, dass er an der Übernahme und Verteilung des aus der Schweiz eingeschmuggelten «Wachtturms» beteiligt war. Er wurde am 11. Mai 1938 verhaftet und im Polizeigefängnis Innsbruck inhaftiert; dieses Verhaftungsdatum ist auch für seine Frau Antonia anzunehmen. Am 23. Juni 1938 überstellte man Franz Setz in das KZ Dachau, wo er bereits am 9. Februar 1939 starb. Von Antonia Setz ist bisher nur belegt, dass sie im KZ Ravensbrück starb, genaue Daten liegen nicht vor.

Jehovas Zeugen Österreich, Geschichtsarchiv, Auskunft zu Antonia und Franz Setz;
Personenunterlagen Felix Defner.
Mitteilung der Mahn- und Gedenkstätte Ravensbrück, Auskunft vom 30.5.2001.
Archiv KZ-Gedenkstätte Dachau.
Achrainer, Zeugen.

Rosa Stallbaumer

geboren 30.11.1897 in Sillian-Ahrnbach
gestorben 23.11.1942 im KZ Auschwitz

Rosa Stallbaumer gehörte zu einer Gruppe von Gleichgesinnten, die nach dem «Anschluss» Österreichs an das Deutsche Reich Jüdinnen und Juden beherbergten und ihnen beim Grenzübertritt nach Italien Hilfe leisteten. 1942 wurde die Gruppe verraten und ihre Mitglieder von der Gestapo ausgehoben. Einige der Fluchthelfer, so auch Rosas Ehemann Anton Stallbaumer, wurden zu Haft- und Geldstrafen verurteilt. Das Verfahren gegen Rosa Stallbaumer wurde eingestellt, allerdings wurde sie nach der Gestapohaft ins KZ Dachau und später ins KZ Auschwitz überstellt. Während alle anderen Fluchthelfer nach längeren Gefängnis- und KZ-Aufenthalten noch vor Kriegsende wieder freikamen, wurde Rosa Stallbaumer am 23. November 1942 im KZ Auschwitz ohne Angabe genauerer Umstände als verstorben gemeldet.

Hormayr, «Die Zukunft wird unser Sterben einmal anders beleuchten», S. 190-194.
Zeugen des Widerstandes, S. 93f.
Kofler, Osttirol, S. 136f.
Kunzenmann, Rosa Stallbaumer, Einlageblatt o.S.

Anton Steiner

geboren 4.1.1905 in Sand in Taufers (Südtirol)
gestorben 3.4.1942 im KZ Mauthausen

Lorenz Steiner

geboren 9.8.1903 in Sand in Taufers (Südtirol)
gestorben 19.4.1942 im KZ Mauthausen

Anton und Lorenz Steiner lebten in Lienz und waren beide als Tischler beschäftigt. Sie hatten von den US-Amerikanern abgeworfene Flugblätter aufgesammelt und an Kollegen im Betrieb weitergegeben. Die kommunistisch gesinnten Brüder wurden angezeigt und nach ihrer Verhaftung ohne Gerichtsverfahren von der Gestapo Lienz ins Konzentrationslager Mauthausen überstellt. Anton Steiner verstarb dort am 3. April 1942 angeblich an «Lungenentzündung» und Lorenz Steiner am 19. April desselben Jahres an einem «Durchbruch der Magengeschwüre».

Zeugen des Widerstandes, S. 94.
Kofler, Osttirol, S. 174 u. 176.
Troyer, Hitlerzeit im Villgratental, S. 34.

Florian Steiner

geboren 29.5.1913 in Taufers (Südtirol)
gestorben 6.9.1944 in Spiss

Florian Steiner kam als Südtiroler Optant nach Innsbruck, wo er als Kraftfahrer beim Milchhof arbeitete. Er heiratete im Jahr 1943, einige Monate zuvor war ein gemeinsames Kind auf die Welt gekommen. Nach einiger Zeit bei der Wehrmacht beschloss er, mit seinem Kameraden Richard Kofler in die Schweiz zu flüchten. An der Grenze bei Spiss wurden die beiden von drei Grenzposten aufgehalten; während Kofler mit einem Schulterschuss entkommen konnte, wurde Florian Steiner – nach Koflers Aussage – trotz erhobener Hände niedergeschossen. Als Deserteur wurde er nicht als Widerstandskämpfer anerkannt, auch der «Bund der Opfer» versagte 1947 dem Gesuch der Witwe seine Unterstützung.

Tiroler Landesarchiv, Opferfürsorgeakt Anna Steiner.

Johann Steinmayr

geboren 25.9.1890 in St. Magdalena in Gsies (Südtirol)
gestorben 18.9.1944 in Berlin-Brandenburg

 Johann Steinmayr trat 1911 in den Jesuitenorden ein und wurde 1919 zum Priester geweiht. Nach beruflich bedingtem Aufenthalt in Wien und Linz kehrte er im Sommer 1937 nach Innsbruck zurück. Nach der NS-Machtübernahme betraute ihn Bischof Paulus Rusch mit der bedeutenden Aufgabe der Familien- und Männerseelsorge. Steinmayr reiste in dieser Funktion von Pfarre zu Pfarre, hielt dort Predigten, Vorträge und Glaubensschulungen ab und wurde aus diesem Grund von der Gestapo besonders überwacht. Nach wiederholten Verhören saß er Mitte April 1940 eine Woche lang in Haft. Da Steinmayr durch seine klug formulierten Vorträge der Gestapo keinen Anlass zum wirksamen Einschreiten lieferte, setzte sie einen Spitzel auf ihn an. Der getarnte Gestapo-Mann gab sich als Konvertit aus und befragte Steinmayr bei seinen Besuchen zu politisch brisanten Themen. Im Oktober 1943 wurde er schließlich verhaftet. Einen Monat später brachte man Johann Steinmayr nach Berlin, wo er wegen Wehrkraftzersetzung zum Tode verurteilt wurde. Das Urteil wurde am 18. September 1944 in Berlin-Brandenburg vollstreckt.

Batlogg, P. Johann Steinmayr SJ, S. 121-132.
Zeugen des Widerstandes, S. 95ff.
Widerstand und Verfolgung in Tirol 2, S. 299f, 347 und 615.

Anton Stock

geboren 8.9.1901 in Schwaz
gestorben 5.4.1944 in Vigaun bei Krainburg (Slowenien)

Anton Stock, Oberwachtmeister der Gendarmerie der Reserve und bis 1938 Mitglied der Heimatwehr, hatte als Mitglied eines Gendarmeriewachzuges die Aufgabe, Kriegsgefangene und Zivilpersonen (vorwiegend PartisanInnen) des Durchgangsstraflagers in Vigaun zu bewachen. Mit zwei weiteren Gendarmen gewährte er den Gefangenen Erleichterungen wie zusätzliches Essen oder Zigaretten, auch Briefe wurden aus dem Lager geschmuggelt. Um Weihnachten 1943 übernahm Stock den Brief einer inhaftierten Jugoslawin und übergab ihn einem deutschen Polizeireservisten, der den Brief jedoch nicht bei der Post, sondern bei der Gestapo abgab. Zu Jahresbeginn 1944 erfolgte die Verhaftung der drei Gendarmen. Einige Monate später wurden die Beschuldigten zum Prozess vor dem SS- und Polizeigericht XXIII nach Laibach überstellt und zu hohen Kerkerstrafen verurteilt. SS-Gruppenführer und General der Waffen-SS und der Polizei Erwin Rösener, der ein Exempel statuieren wollte, erwirkte beim Reichsführer-SS Heinrich Himmler die Anberaumung eines neuerlichen Prozesses im Lager Vigaun. Am 3. April 1944 verhängte das Gericht wegen Kriegsverrates das Todesurteil über Stock und über einen seiner Kameraden. Am 5. April 1944 wurde Anton Stock von Mitgliedern seines eigenen Wachzuges erschossen. Gendarmeriekompanien, Polizei- und Gestapoeinheiten wurden zusammengezogen, um der Hinrichtung beizuwohnen.

Hormayr, «Die Zukunft wird unser Sterben einmal anders beleuchten», S. 178-182.
Tiroler Landesarchiv, Opferfürsorgeakt Marianne Stock.
Zeugen des Widerstandes, S. 97-99.

Richard Stöllnberger

geboren 22.2.1900 in Königswiesen/Oberösterreich
gestorben 11.10.1943 in Innsbruck

Richard Stöllnberger wuchs in seinem Geburtsort Königswiesen auf. Er arbeitete nach Abschluss der Volksschule als Kürschnergehilfe und war dann an verschiedenen Arbeitsplätzen tätig. Seit wann Stöllnberger in Wattens in Tirol lebte, ist unbekannt. Zum Zeitpunkt seiner Verhaftung am 16. Februar 1943 war Stöllnberger bei den Jenbacher Berg- und Hüttenwerken als Schlosser beschäftigt. Die Anklage legte ihm zur Last, mit den beiden Mitangeklagten und Arbeitskollegen

Alois Infeld und Johann Mitternöckler kommunistischen Hochverrat vorbereitet zu haben, indem sie wiederholt die von Feindsendern abgehörten Nachrichten erörterten. Gemeinsam mit Mitternöckler habe er Material für die Herstellung eines Schalldämpfers beschafft und zudem Infeld dazu gebracht, aus der NSDAP auszutreten. Weiters wurde ihm zur Last gelegt, mehrfach versucht zu haben, die Arbeitskollegen zu Treffen mit der kommunistischen Gruppe um Max Bär in Schwaz zu bewegen. Nach seiner Verhaftung wurde Stöllnberger von der Gestapo im Lager Reichenau in Innsbruck festgehalten und dort so schwer misshandelt, dass er im Mai 1943 mit massiven körperlichen und psychischen Beschwerden in die psychiatrische Abteilung der Innsbrucker Klinik eingeliefert werden musste. Am 11. Oktober, eine Woche nach Ausfertigung der Anklageschrift, beging Stöllnberger dort unter nicht näher geklärten Umständen Selbstmord.

Online-Datenbank. De Gruyter. Anklage 7 J 427/43 und Urteil 6H 187/43.
Tiroler Landesarchiv, Opferfürsorgeakt Anna Stöllnberger.

Franz Stolzlechner

geboren 11.10.1923 in St. Peter im Ahrntal (Südtirol)
gestorben 8.7.1944 in Wien-Kagran

Franz Stolzlechner lebte seit 1937 im Osttiroler Dorf Schlaiten. Er wurde 1941/42 zur Wehrmacht eingezogen. Im Winter 1942 war er zuletzt in Stalingrad im Einsatz und wurde schwer verwundet. Nach einem Lazarettaufenthalt in Hannover war er im Juni 1943 auf Heimaturlaub. Aufgrund der schrecklichen Erfahrungen beim Kriegseinsatz, in dem er unter anderem die Erschießung unschuldiger Menschen miterlebte, kehrte er nicht mehr zu seiner Einheit zurück. Zusammen mit den Brüdern David und Alois Holzer hielt er sich im Wald von Schlaiten in einer selbst erbauten Höhle versteckt. Am 10. Jänner 1944 wurde er von der örtlichen Gendarmerie angeschossen und verhaftet, als er aus dem elterlichen Haus Nahrungsmittel beschaffen wollte. Sein Vater tauchte bis Kriegsende unter, um dem Zugriff der Gestapo zu entgehen, die restliche Familie wurde vom Hof vertrieben. Franz Stolzlechner wurde Ende Februar in das Wehrmachtsuntersuchungsgefängnis in Wien-Favoriten überstellt und am 4. März 1944 von einem Militärgericht zum Tode wegen Desertion und Mordversuch an einem Gendarmen verurteilt. Das Todesurteil wurde am 8. Juli 1944 in Wien-Kagran vollstreckt.

Zeugen des Widerstandes, S. 94.
Kofler, Osttirol, S. 214f.
Pirker, «…Wir gehen gemeinsam in den Untergrund», S. 126-137.

Adele Stürzl

geboren 23.11.1892 in Wien
gestorben 30.6.1944 in München-Stadelheim

 Adele Stürzl hatte eine schwere Kindheit erlebt, von der sie sich schon als junges Mädchen emanzipierte. Im Mai 1918 kam sie frisch vermählt nach Kufstein, wo ihr revolutionärer Geist schnell zur Geltung kam, als sie eine Lohnerhöhung für die Arbeiterinnen in der Munitionsfabrik durchsetzte. Sie engagierte sich zunächst in der SPÖ, dann in der KPÖ. Auch nach dem Verbot der KPÖ durch die autoritäre Regierung arbeitete Stürzl weiter und wurde erstmals im Sommer 1933 für kurze Zeit verhaftet; 1934 bereits für ein halbes Jahr und 1935 nochmals für zwei Monate. Da sie in Kufstein als Kommunistin zu gut bekannt war, stellte sie die Parteiarbeit offenbar ein. Als Adele Stürzl Ende Juni 1942 festgenommen wurde, wurde ihr gleich ein ganzer Strauß von Widerstandshandlungen vorgeworfen – sie habe einen Deserteur außer Landes bringen, eine Hungerdemonstration am 1. Mai organisieren wollen und sei Mitglied einer kommunistischen Widerstandsgruppe. Tatsächlich hatte Stürzl bereits vor dem Auftreten Robert Uhrigs wieder Gelder für zurückgekehrte Spanienkämpfer gesammelt; illegale Treffen von Kommunisten fanden in ihrem Haus statt, wurden aber von ihrem Untermieter Georg Faé organisiert. Während sich Stürzl von organisatorischen Aufgaben in dieser Gruppe zurückhielt, war sie an anderen Widerstandshandlungen führend beteiligt: So versuchte sie noch im April 1942 einem Deserteur zur Flucht in die Schweiz zu verhelfen, und schließlich versuchte sie für den 1. Mai 1942 eine «Hungerdemonstration» zu organisieren, bei der sich Hausfrauen mit leeren Einkaufskörben am Kufsteiner Stadtplatz versammeln sollten. Am 11. November 1942 verurteilte das Sondergericht Innsbruck Adele Stürzl wegen der versuchten Fluchthilfe für den Deserteur zu vier Jahren Zuchthaus; sie verblieb aber in der Innsbrucker Haftanstalt bis kurz vor Beginn des Prozesses gegen die Gruppe «Roby». Der Vorsitzende des 6. Senats des Volksgerichtshofes warf ihr, so ein Augenzeuge, vor, «sie sei eine alte, fanatische Kommunistin mit dem einzigen Bestreben, die Arbeiter aufzuhetzen und unzufrieden zu machen. Das Motiv ihrer politischen Tätigkeit sei der Haß gegen Ordnung und Eigentum.» Adele Stürzl verwies dagegen «auf ihre soziale Einstellung, denn ihr ganzes Trachten ging dahin, den Armen und Ärmsten zu helfen». Der Volksgerichtshof verurteilte Adele Stürzl am 14. April 1944 zum Tod. Derselbe Augenzeuge be-

richtet weiter: «Das große Leid hat ihren Geist während der Kerker-
zeit verdunkelt – trotzdem blieb ihr das Schafott in Stadelheim nicht
erspart.» Sie wurde am 30. Juni 1944 in München hingerichtet. Eine
Straße in Kufstein erinnert heute an sie.

Online-Datenbank. De Gruyter. Anklage 10(9) J 819/43g,
Urteil 6H 28/44 -- 10(9)J 819/43g.
Achrainer, Adele Stürzl (mit weiteren Nachweisen).
Thüminger, Mit offenen Augen (literarisch).

Klara Sturm

geboren 5.11.1898 in Rorschach (Schweiz)
gestorben 9.8.1942 in Aichach (Bayern)

Alfons Sturm

geboren 28.4.1895 in Innsbruck
gestorben 1944/45 im KZ Mauthausen

Klara Sturm kam bereits in der Schweiz mit Agenten des französischen Nachrichtendienstes in Kontakt. Sie hielt sich vorübergehend
in Paris auf, bevor sie 1934 nach Innsbruck zog. Hier sollte sie einen
«Erkundungsdienst» einrichten und über Truppenbewegungen an
der deutsch-österreichischen Grenze sowie über die Entwicklung der
illegalen NSDAP in Österreich berichten. Im November 1936 heiratete sie in Innsbruck Alfons Sturm, der sich für Spionagefahrten nach
Deutschland zur Verfügung stellte. Aus Innsbruck berichteten Alfons
und Klara Sturm beispielsweise über einen Fememord der Nationalsozialisten. Als im Jahr 1936 die österreichische Polizei auf Klara
Sturm aufmerksam gemacht wurde, gab sie zu, für den französischen
Geheimdienst zu spionieren und erklärte sich zu einer antinationalsozialistischen Spionage für Österreich bereit, worauf die Polizei aber
nicht einging. Da sie nicht zum Nachteil Österreichs spioniert hatte, wurde sie freigelassen. Kurz nach dem «Anschluss», am 27. April
1938, wurde das Ehepaar von der Gestapo in Innsbruck festgenommen und schließlich wegen Landesverrates angeklagt. Der 3. Senat
des Volksgerichtshofes verurteilte am 4. Juli 1939 Klara Sturm zu zehn
Jahren und Alfons Sturm zu fünf Jahren Zuchthaus. Klara Sturm verstarb am 9. August 1942 in der Strafanstalt Aichach in Bayern. Alfons
Sturm wurde offenbar nach seiner Entlassung aus dem Gefängnis am
19. Februar 1944 in das Konzentrationslager Dachau gebracht und am
17. August 1944 nach Mauthausen überstellt. Er dürfte in Mauthausen ums Leben gekommen sein, ein Todesdatum ist nicht bekannt.

Online-Datenbank. DeGruyter. Anklage 9J 56/39g, Urteil 3L 30/39 -- 9J 56/39.
Zeugen des Widerstandes, S. 99f.

Ferdinand Thaler

geboren 25.4.1889 in Innsbruck
gestorben 18.2.1940 im KZ Mauthausen

 Ferdinand Thaler war in Volders als ausgesprochener Gegner des Nationalsozialismus bekannt. Wiederholt kritisierte er lautstark das Regime und einzelne Funktionäre des Dorfes. Vom 28. Juni bis 11. August 1938 befand sich Thaler wegen politischer Äußerungen und der Verbreitung beunruhigender Gerüchte im Landesgericht Innsbruck und im Bezirksgericht Hall in Haft. Anlässlich einer Elternversammlung am 26. Februar 1939 in der Volksschule Volders brachte Thaler mit anderen DorfbewohnerInnen seinen Protest gegen antikirchliche Maßnahmen im Schulbereich zum Ausdruck. Daraufhin wurde er als Rädelsführer noch im Saal verhaftet und wegen regierungsfeindlichen Verhaltens bis 27. März 1939 im Bezirksgericht in Hall festgehalten. Kurze Zeit später äußerte sich Ferdinand Thaler negativ gegen einen in Großvolderberg ansässigen Parteibonzen, der hauptamtlich in der Gauleitung beschäftigt war und stets in Parteiuniform auftrat. Als dessen Hof in Flammen stand, wurde Thaler der Brandstiftung verdächtigt. Rund eine Woche lang saß er wieder in Innsbruck ein und wurde dann vorübergehend entlassen, da ihm nichts nachgewiesen werden konnte. Am 8. Mai 1939 erhielt der Gendarmerieposten Volders Befehl, ihn der Gestapo vorzuführen. Noch am selben Tag wurde Thaler von einem Gendarmen ins KZ Dachau eingeliefert. Am 27. September 1939 erfolgte seine Überstellung ins KZ Mauthausen. Dort kam er am 18. Februar 1940 ums Leben. Als Todesursache wurden «Lungenentzündung, Herz- und Kreislaufschwäche» angegeben.

Tiroler Landesarchiv, Opferfürsorgeakt Anna Thaler.

Otto Thies

geboren 29.11.1902 in Häring
gestorben 21.8.1943 in Innsbruck

Otto Thies trat 1921 in die SPÖ ein und beteiligte sich anlässlich der Februarkämpfe 1934 am Streik der Bergarbeiter. Dafür wurde er zu einer zweimonatigen Haft verurteilt. Während des Austrofaschismus betätigte sich Thies illegal für die Revolutionären Sozialisten. Ab 1937 war er Mitglied der antinationalsozialistischen Widerstandsgruppe «Neu Beginnen». 1938 trat er in die SA ein, ein Jahr später bewarb er sich um die Mitgliedschaft in der NSDAP, stand aber weiterhin in Verbindung mit «Neu Beginnen» um das Ehepaar Brunner und

mit seinem Freund Balthasar Höck, dem Stützpunktleiter in Häring.
Vom 18. November bis 5. Dezember 1942 saß Thies in Schutzhaft.
Nach seiner abermaligen Verhaftung wurde er am 28. Mai 1943 wegen «Aufrichtung einer Organisation mit hochverräterischen Bestrebungen im Sinne der illegalen Sozialdemokratischen Partei» zu drei
Jahren Gefängnis verurteilt. Der Volksgerichtshof legte Thies hauptsächlich zur Last, dass er trotz der Kenntnis des Bestehens einer hoch-
verräterischen Organisation keine Anzeige erstattet hatte. Bei der
Häftlingsarbeit zog er sich eine Blutvergiftung an der Hand zu. Seine
Einlieferung in die Innsbrucker Klinik am 11. August 1943 kam viel
zu spät. Dort verstarb Otto Thies am 21. August 1943.

Online-Datenbank. De Gruyter. Anklage 7J 421/42g und Urteil 6H 63/43 -- 7J 421/42g.
Tiroler Landesarchiv, Opferfürsorgeakt Josefa Thies.
Hormayr, «Ich sterbe stolz und aufrecht», S. 78 und 119-122.

Konrad Tiefenthaler

geboren 26.11.1897 in Nenzing
gestorben 6.8.1942 in Innsbruck

Mitte der 1920er Jahre wurde Konrad Tiefenthaler von Vorarlberg in die Bundesbahndirektion
nach Innsbruck versetzt, weil er wegen seines
Engagements in der Sozialdemokratischen Partei
unliebsam aufgefallen war. Nach den Februar-
kämpfen 1934 wurde er mit gekürzten Bezügen
zwangspensioniert, da er als einer der führenden
Eisenbahnergewerkschafter bekannt war. Tiefenthaler fand schließlich Verwendung im Vorstand des «Konsums». Acht Tage lang saß er
im Landesgericht Innsbruck in Haft. Während des Austrofaschismus
betätigte sich Tiefenthaler bei den Revolutionären Sozialisten mit
Verbindungen nach Salzburg und Wien. Deshalb bemühte sich der
bayrische Sozialdemokrat Waldemar von Knoeringen erfolgreich, ihn
als Stützpunktleiter seiner antinationalsozialistischen Widerstandsgruppe «Neu Beginnen» in Innsbruck zu gewinnen. Im Dezember
1938 trat Tiefenthaler der NSDAP bei, engagierte sich aber weiterhin
im Widerstand. Zunächst wurde er speziell über seine alten Gewerk-
schaftskontakte zu Eisenbahnern in Österreich und Deutschland aktiv, ab Herbst 1941 verstärkt in der Gruppe «Neu Beginnen». Doch
schließlich kam ihm die Gestapo auf die Schliche und verhaftete ihn
am 2. Juli 1942. Im Bericht vom 8. Dezember 1942 wird Tiefenthaler
von der Gestapo als «fanatischer und verbohrter Gegner des Nationalsozialismus» bezeichnet. Am 6. August 1942 erhängte sich Kon-

rad Tiefenthaler in seiner Zelle im landesgerichtlichen Gefängnis in Innsbruck.

Hormayr, «Ich sterbe stolz und aufrecht», S. 80f, 108f und 118-120.
Sommerauer, Die Gedenktafel für Konrad Tiefenthaler, S. 134-137.
Tiroler Landesarchiv, Opferfürsorgeakt Anna Tiefenthaler.
Widerstand und Verfolgung in Tirol 1, S. 159 und 161.

Martin Tissner

geboren 20.6.1913 in Innsbruck
gestorben Jänner 1942 in Lleida (Spanien)

Martin Tissner engagierte sich in der Sozialistischen Arbeiterjugend und bei den Revolutionären Sozialisten. Sein Vater war sozialdemokratischer Gemeinderat in Mühlau, sein Bruder wurde als Mitglied des illegalen Kommunistischen Jugendverbandes 1936 verhaftet. Im November 1937 zog Tissner in den Kampf gegen den Franco-Faschismus. 1939 kam er ins französische Internierungslager Saint-Cyprien, Gurs, aus dem er 1941 flüchtete und nach Spanien zurückkehrte. Am 1. November wurde Martin Tissner in den Pyrenäen gefangen genommen und am 23. Dezember ins Gefängnis der katalanischen Stadt Lleida transportiert, wo er im Jänner 1942 starb.

Stepanek, Lebenswege Tiroler Spanienkämpfer, S. 42, 114 und 205.

Franz Toman

geboren 31.7.1889 in Wickleck (Mähren)
gestorben 19.2.1945 in Graz

Franz Toman, von Jugend an Mitglied der Sozialdemokratischen Arbeiterpartei, war zunächst Bundesbahnbediensteter und zum Zeitpunkt seiner Verhaftung am 25. Juni 1942 als Filialleiter der Wörgler Verkaufsstelle der Tiroler Verbrauchergenossenschaft tätig. Aus diesem Umfeld kannte er Anton Rausch, der ihn im Juni 1941 zu einem Treffen mit dem Berliner Kommunisten Robert Uhrig einlud. Toman wurde im April 1944 gemeinsam mit einem weiteren Wörgler vor dem Oberlandesgericht Wien der Vorbereitung zum kommunistischen Hochverrat angeklagt, weil beide im Wissen um die Pläne Uhrigs, in Tirol eine kommunistische Widerstandsorganisation aufzubauen, mit Uhrig und Rausch in Kontakt gewesen waren. Toman wurde vorgeworfen, mehrfach seine Wohnung für diese Besprechungen zur Verfügung gestellt zu haben. Erschwerend erwies sich, dass Toman bereits 1935 zu einer mehrmonatigen Haftstrafe wegen Betätigung für die illegale Kommunistische Partei verurteilt worden war. Die mehr als zwei Jahre dauernde Haft bis zur Verhandlung verbrachte Toman im Arbeitserziehungslager Reichenau in Innsbruck und in den Konzentrationslagern Dachau und Flossenbürg. Am 11. Juli 1944 wurde er zu drei Jahren Zuchthaus verurteilt und zur Verbüßung seiner Strafe nach Graz überstellt. Bei einem Bombenangriff, bei dem die Haftanstalt Graz-Karlau schwer getroffen wurde, kam Toman am 19. Februar 1945 ums Leben.

Online-Datenbank. De Gruyter 7 OJs 171/44 und 7 OJs 173/44.
Dokumentationsarchiv des österreichischen Widerstandes Wien, 3070. Dokumente Irene und Franz Toman.

Leopold Tomschik

geboren 12.7.1903 in Zlabings (Tschechien, heute Slavonice)
gestorben 17.8.1944 in Berlin-Plötzensee

Ing. Leopold Tomschik wuchs in Wien auf und gehörte der sozialdemokratischen Jugendorganisation an, zudem war er als Gewerkschaftsführer tätig. In Berlin, wo er seit 1926 arbeitete, trat er 1931 der SPD bei. 1938 lernte er den Kommunisten Robert Uhrig kennen und wurde 1940 Mitglied seiner Gruppe «Roby». Tomschik übermittelte Uhrig Informationen über die Brandenburgischen Flugzeugmotorenwerke, wo er als Konstrukteur tätig war. Die Erkenntnisse gab Uhrig an die sowjetische Handelsvertretung in Berlin weiter. Bei einem Urlaub im Winter 1940/41 in Kitzbühel lernte er die Familien Pair und Rausch kennen. Tomschik informierte Josef Pair über die Pläne Uhrigs zum Aufbau eines sozialdemokratisch und kommunistisch orientierten Widerstandsnetzes in Tirol. Er freundete sich mit ihm an und konnte ihn für den Kampf gegen den Nationalsozialismus gewinnen, ebenso Alois Graus. Seine Tiroler Verbindungen übermittelte Tomschik in Berlin an Uhrig. Tomschik stellte auch Kontakte nach Wien und München her, zeitweilig vertrat er Uhrig bei Besprechungen über den Zusammenschluss verschiedener Gruppen in Berlin. Tomschik wurde am 4. Februar 1942 verhaftet und am 5. Juni 1944 vom Volksgerichtshof wegen Hochverrates und Feindbegünstigung durch die Gründung einer staatsfeindlichen Organisation sowie des Verrats von Staatsgeheimnissen zum Tode verurteilt. In der Nacht vom 16. auf den 17. August 1944 nahm sich Leopold Tomschik im Strafgefängnis Berlin Plötzensee das Leben.

Online-Datenbank. De Gruyter. Anklage 9J 777/43g und
Urteil 5H 38/44 , 5H 43/44 -- 10(9) 777/43g , 10J 61/44g.
Hormayr, «Ich sterbe stolz und aufrecht», S. 184-186, 197, 201f. und 207f.
Zeugen des Widerstandes, S. 102.

Ludwig Totzenberger (Novaček)

geboren 15.7.1907 in Wien
gestorben 27.4.1945 in Kematen

Ludwig Totzenberger, Mitarbeiter des US-amerikanischen Geheimdienstes, kam im April 1945 auf
die Kemater Alm, um die dortige Widerstandsgruppe deutscher und Tiroler Wehrmachtsangehöriger als Funker zu unterstützen. Seit dem
Dezember 1944 hatte sich innerhalb des auf der
Kemater Alm und der Adolf-Pichler-Hütte statio-
nierten 136. Gebirgsjäger-Regimentes eine Widerstandszelle gebildet.
Auf der Kemater Alm wurde Mitte April 1945 eine Kurzwellenstation
aufgebaut, die am 25. April auf die Adolf-Pichler-Hütte verlegt wurde,
um einer Peilung durch die Gestapo zu entgehen. Offensichtlich gelang es der Gestapo, einen Spitzel in die Gruppe einzuschleusen. Am
27. April wurde der Stützpunkt vom Sicherheitsdienst umstellt und
Ludwig Totzenberger, dessen Geheimdiensttarnname Novaček war,
bei einem Feuergefecht tödlich getroffen.

Hormayr, «Die Zukunft wird unser Sterben einmal anders beleuchten», S. 217-219.
Zeugen des Widerstandes, S. 102f.
Mackowitz (Hg.), Kampf um Tirol, S. 24-26.
Widerstand und Verfolgung in Tirol 2, S. 523 u. 525f.

Albert Troppmair

geboren 10.4.1891 in Kolsassberg
gestorben 3.5.1945 bei Wattens

Albert Troppmair, Bauer in Wattens, gehörte seit dem Jahr 1942 einem Kreis von Gegnern des Nationalsozialismus in Wattens an, aus
dem sich gegen Kriegsende eine Widerstandsgruppe bildete. Am 28.
April 1945 wurde er verhaftet und in das Arbeitserziehungslager Reichenau bei Innsbruck eingeliefert, von wo er bei dessen Auflösung
am 2. Mai 1945 nach Wattens zurückkehrte. Am darauffolgenden
Abend machte er sich trotz Ausgangssperre mit einem weiteren Mitglied der Widerstandsbewegung auf den Weg, Waffen zu holen, um
gegen versprengte SS-Truppen vorgehen zu können. Diese hatten mit
Brandstiftung gedroht, da bereits österreichische und weiße Fahnen
gehisst worden waren. Troppmair und sein Begleiter Albert Deflorian
wurden plötzlich von SS-Leuten beschossen und verschanzten sich.

Zugleich näherten sich dem Ort US-amerikanische Truppen, die annahmen, dass die Schüsse ihnen gegolten hätten, und das Feuer erwiderten. Während Troppmair und Deflorian ihren Standort wechselten, wurden sie von amerikanischen Soldaten beschossen. Troppmair wurde dabei tödlich getroffen, Deflorian schwer verletzt. Da sie im Auftrag der Widerstandsbewegung unterwegs gewesen waren, wurde Troppmair als aktiver Widerstandskämpfer anerkannt. Er hinterließ seine Frau, mit der er seit 1926 verheiratet gewesen war, sowie einen Adoptivsohn und eine Ziehtochter.

Tiroler Landesarchiv, Opferfürsorgeakt Johanna Troppmair.

Stefan Valentinotti

geboren 11.12.1892 in Bozen-Gries (Südtirol)
gestorben 24.10.1944 in Berlin-Brandenburg

Stefan Valentinotti optierte als Südtiroler mit seiner Familie für das Deutsche Reich. Seine Erfahrungen mit dem NS-Regime in Tirol ließen ihn zu einem erbitterten Gegner werden. Gegenüber Arbeitskollegen in den Raspe-Werken in Kramsach bezeichnete er die Südtiroler Umsiedlung als «größten Schwindel und Gemeinheit», am liebsten würde er wieder «auf Knien in seine alte Heimat zurückrutschen». Dem Deutschen Reich prophezeite Valentinotti die totale Niederlage. In Schriften, die er vervielfältigte, sprach er sich für eine Ausrottung der nationalsozialistischen «Propagandamacher» aus, dann «wäre eines der größten Übel der Menschheit beseitigt». Valentinotti beschrieb Adolf Hitler als «einen unfähigen Maler und einen noch unfähigeren Maurermeister», der nur eine Farbe kenne und die bestehe aus Menschenblut. In Deutschland sah er den Urheber des Weltkrieges. Zudem verfasste Valentinotti eine Erklärung über die Errichtung eines Freistaates Südtirol. Der NSDAP in Innsbruck sandte er im April 1944 Schriften zu, in denen er den Nationalsozialismus als «ganz gemeines Verbrechertum» bezeichnete, «an dessen Spitze der verkommene Raubmörder Hitler mit seinen Spießgesellen» stehe: «In einem wohlgeordneten Staate wäre dieser Verbrecher schon längst gehängt worden.» Valentinottis Verhaftung erfolgte nach einer Denunziation an seiner Arbeitsstelle in den Kramsacher Raspe-Werken am 16. Mai 1944. Der Volksgerichtshof in Potsdam verurteilte ihn am 20. September 1944 wegen Wehrkraftzersetzung und Vorbereitung zum Hochverrat zum Tode. Stefan Valentinotti wurde am 24. Oktober 1944 in Berlin-Brandenburg enthauptet.

Tiroler Landesarchiv, Opferfürsorgeakt Stefanie Valentinotti.
Tiroler Landesarchiv, Landesgericht Innsbruck, 10 Vr 938/45.
Hormayr, «Die Zukunft wird unser Sterben einmal anders beleuchten», S. 187-190.
Widerstand und Verfolgung in Tirol 1, S. 313-315 und 386.

Hans Vogl

geboren 3.4.1895 in Eben am Achensee
gestorben 30.6.1944 in München-Stadelheim

Hans Vogl war Volksschullehrer und Gemeindesekretär in Erl bei Kufstein. Als Sozialdemokrat
hatte er in der ländlichen Umgebung mit Misstrauen und Ablehnung zu kämpfen, die dazu bei-
trugen, dass er trotz seiner wachsenden Familie
keine bessere Stelle erhielt. Aufgrund zunehmen-
der Schwierigkeiten im Ort, auf die hier nicht
näher eingegangen werden kann, versetzte ihn die Schulbehörde
1936 nach Jenbach. Nach dem «Anschluss» Österreichs schien sich
der antiklerikal eingestellte Vogl zunächst zu arrangieren; er erhielt
nun eine Stelle als Hauptschuldirektor in Zell am Ziller und trat
der NSDAP bei. Im Juni 1941 wurde Hans Vogl von dem mit ihm
befreundeten Adi Horejs zu jenem Treffen eingeladen, bei dem der
Berliner Kommunist Robert Uhrig erstmals in Kufstein sprach. Vogl
nahm daran teil, spendete auch Geld zur Unterstützung der illegalen Tätigkeit. Er wurde im Jänner 1942 von Alois Graus aufgesucht,
den er dann wenige Wochen später zufällig im Zug sah, als dieser
nach seiner Verhaftung in Hopfgarten nach Innsbruck gebracht wurde. Graus konnte Vogl bitten, die Kufsteiner Mitglieder der Gruppe
«Roby» zu warnen, was auch gelang. Hans Vogl wurde am 10. April
1942 verhaftet; die Gestapo fand bei einer Hausdurchsuchung eine
«umfangreiche marxistische Bibliothek». Aus seiner mehr als zwei
Jahre währenden Haftzeit, die er vom 8. Jänner bis zum 23. September
1943 auch in Dachau verbrachte, sind zahlreiche Briefe an seine Frau
erhalten, die Zeugnis von den furchtbaren Haftumständen geben. In
der Hauptverhandlung vor dem 6. Senat des Volksgerichtshofes, die
am 13. und 14. April 1944 in Müchen stattfand, wurde Hans Vogl zum
Tod verurteilt. Das Gericht legte ihm seine Parteizugehörigkeit zur
Last, da er als Parteigenosse «dem Führer die Treue gebrochen und
sich als Todfeind des NS verschworen» habe. In letzten Aufzeichnun-
gen vor seiner Hinrichtung am 30. Juni 1944 schrieb er seiner Frau
und den vier Kindern: «Ich starb nicht, weil ich jemandem Böses getan habe, sondern weil ich immer auf der Seite der Armen und Hilflo-
sen stand, also wegen meiner Weltanschauung. Das soll keine Schan-

de für Euch sein. Ihr dürft stolz darauf sein. (...) Das richtige Urteil wird die Geschichte sprechen!»

Online-Datenbank. De Gruyter. Anklage 10(9) J 819/43g,
Urteil 6H 28/44 -- 10(9)J 819/43g.
Mathies, Johann Vogl.

Johann Wanner

geboren 23.1.1919 in Seefeld
gestorben 1.6.1942 in Zams

Johann (Hans) Wanner war nach Abschluss seiner Schulausbildung im Hotel seiner Eltern in Seefeld beschäftigt. Im April 1939 erhielt er seine Einberufung zum Reichsarbeitsdienst (RAD), den er in Dornbirn (Vorarlberg) abzuleisten hatte. Im August 1939 flüchtete Wanner aus dem Lager des RAD über die Grenze in die Schweiz, um dem Dienst in der Wehrmacht zu entgehen, und hielt sich zunächst bei Bekannten in Genf auf. Dort nahmen ihn die Schweizer Behörden fest und überstellten ihn in ein Arbeitslager für Emigranten. Der Versuch, legal nach Frankreich auszureisen, um sich dort dem Widerstand anzuschließen, scheiterte am Verbot der Schweizer Behörden. Im Mai 1942 entschloss sich Wanner mit einem Kameraden zur Flucht zurück nach Tirol. An der Grenze angehalten, bestand er gegenüber den Schweizer Beamten auf seiner sofortigen Ausreise auf deutsches Reichsgebiet. Am nächsten Tag wurde Wanner in der Gegend von Pfunds im Oberinntal unter ungeklärten Umständen angeschossen und erlag im Krankenhaus Zams der schweren Verletzung. Der Verdacht, dass er durch den fingierten Brief eines Spitzels der Gestapo Innsbruck mit der Mitteilung, sein Vater Paul Wanner liege im Sterben, zur Rückkehr nach Tirol veranlasst wurde, konnte nie ausgeräumt werden.

Schweizerisches Bundesarchiv Bern, Dossier Johann Wanner.
Tiroler Landesarchiv, Landesgericht Innsbruck, 10 Vr 1732/47.
Tiroler Landesarchiv, Opferfürsorgeakt Paul Wanner.

Karl Weiroster

geboren 14.12.1903 in Windegg
gestorben 23.3.1940 im KZ Mauthausen

In Maurach am Achensee lebten mehrere Zeugen Jehovas, darunter Franz Desch, dem Karl Weiroster eine Dachbodenwohnung überließ. Desch berichtet: «Als Hitler im März 1938 einmarschierte, mußten alle Häuser beflaggt werden, was mein Hausherr, Bruder Weiroster, und ich trotz Aufforderungen nicht taten. Dann kamen im Auftrag der Gemeinde ein paar Männer mit einer Fahne und brachten sie an unserem Balkon an. Wir hatten natürlich damit nichts zu tun, und als nach drei Wochen alle Fahnen wieder herunter genommen wurden, blieb unser Haus beflaggt, bis die Männer wieder zurückkamen, um die Flagge wieder zu holen!» Nach Deschs Angaben hatte sein Bruder Johann Desch in Maurach mit den Glaubensbrüdern den «Wachtturm» studiert, «bis die Brüder ebenfalls verhaftet wurden». Karl Weiroster wurde am 25. Jänner 1939 in das Polizeigefängnis Innsbruck eingeliefert und von dort am 24. März 1939 in das Konzentrationslager Dachau gebracht. Am 29. September 1939 folgte die Überstellung in das Konzentrationslager Mauthausen, wo Weiroster am 23. März 1940 verstarb.

Jehovas Zeugen Österreich, Geschichtsarchiv, Personenunterlagen Karl Weiroster.
Widerstand und Verfolgung 2, S. 379-382.

Josef Werndl

geboren 6.3.1898 in Palting bei Braunau am Inn (Oberösterreich)
gestorben 17.7.1942 in Innsbruck

 Josef Werndl gehörte der Sozialdemokratischen Partei und Gewerkschaft in Innsbruck bis zu deren Auflösung 1934 an. Ab November 1941 war er ein führender Kopf beim Aufbau der illegalen kommunistischen Gruppe «Roby» rund um den Berliner Kommunisten Robert Uhrig und stand so in Kontakt mit anderen höchst aktiven Mitgliedern wie Adele Obermayr, Anton Rausch und Alois Graus in Innsbruck und im Tiroler Unterland. In Innsbruck leitete Werndl seit Mai 1941 eine kommunistische Gruppe von Eisenbahnern, die aus mehreren Zellen bestand, und fungierte auch als Kassier der «Roten Hilfe». Im Juni 1942 gewährte er einem russischen Fallschirmspringer Unterschlupf und vermittelte ihn an Andreas Obernauer, mit dem er sich wegen des Zusammenschlusses der Eisenbahner-Gruppe mit der Gruppe «Roby» besprach. Dann brachte Werndl den Russen in Wien bei einem ihm bekannten KP-Funktionär unter. Am 30. Juni 1942 erfolgte Werndls Verhaftung durch die Gestapo. Nach scharfen Verhören erhängte sich Josef Werndl am 17. Juli 1942 im Innsbrucker Polizeigefängnis.

Widerstand und Verfolgung in Tirol 1, S. 154-156.

Lorenz Wernisch

geboren 31.1.1909 in Lienz
gestorben 21.8.1942 im KZ Stutthof (Polen)

Lorenz Wernisch arbeitete als Tischler in Lienz. Am 12. Dezember

1941 wurde er von der Gestapo Lienz wegen des Verdachtes der kommunistischen Betätigung verhaftet und ohne Gerichtsverfahren in das Konzentrationslager Mauthausen eingeliefert. Von dort wurde Lorenz Wernisch Anfang Juli 1942 in das KZ Stutthof bei Danzig überstellt, wo er am 21. August 1942 als verstorben gemeldet wurde.

Zeugen des Widerstandes, S. 106f.
Kofler, Osttirol, S. 174 u. 176.
Troyer, Hitlerzeit im Villgratental, S. 34.
Widerstand und Verfolgung in Tirol 2, S. 523 u. 525f.

Josef Wieser

geboren 10.5.1899 in St. Johann in Tirol
gestorben 5.4.1944 in Veldes (Oberkrain)

Josef Wieser war zunächst Metzger, ab 1938 pachtete er eine Alpe und war außerdem Viehschätzer der Gemeinde St. Johann. 1942 wurde er zur Gendarmerie-Reserve eingezogen und in verschiedenen Orten Tirols eingesetzt, bis er im Juni 1943 in das Einsatzgebiet Oberkrain kam. Ende November 1943 wurde er schließlich dem Wachzug der Strafanstalt Vigaun zugeteilt. Gemeinsam mit dem ebenfalls zum Tode verurteilten Anton Stock aus Schwaz und dem Oberösterreicher Hermann Kneidinger ermöglichte Wieser einer gefangenen Partisanin, Briefe zu schreiben, und bot ihr die Möglichkeit, über ihn ein Paket zu empfangen. Die Partisanin, Celistene Kerschischnig, gab im Gegenzug den drei Männern Bescheinigungen, die sie vor Übergriffen durch Partisanen schützen sollten. Die Unterstützung Wiesers beschränkte sich auf die Übermittlung eines Briefes, die Besorgung einer Briefmarke und die Angabe einer Adresse, an die ein Paket für Kerschischnig geschickt werden könne. Nach wenigen Tagen, am 7. Jänner 1944, wurden die drei Wachebeamten verhaftet. Das in Laibach stationierte SS- und Polizeigericht XXIII (Salzburg) verurteilte die drei Wachmänner zu hohen Strafen, Wieser erhielt zehn Jahre Zuchthaus. SS-Gruppenführer und General der Waffen-SS und Polizei Erwin Rösener bestätigte dieses Urteil jedoch nicht und verlangte eine Neuverhandlung. Am 3. April 1944 verhängte dasselbe Gericht wegen Kriegsverrates das Todesurteil über Wieser, Stock und Kneidinger. Am 5. April wurden die drei Männer von Mitgliedern ihres eigenen Wachzuges erschossen. Gendarmeriekompanien, Polizei- und Gestapoeinheiten wurden zusammengezogen, um der Hinrichtung beizuwohnen.

Tiroler Landesarchiv, Opferfürsorgeakt Josef T.
Hormayr, «Die Zukunft wird unser Sterben einmal anders beleuchten», S. 178f und 182.
Zeugen des Widerstandes, S. 97-99.

Johann Winkler

geboren 10.6.1908 in Unterangerberg bei Leonding (Oberösterreich)
gestorben 26.7.1938 am Ebro bei Ascó (Spanien)

 Johann Winkler wohnte wie Max Bair in Puig bei Steinach, von wo aus er mit ihm am 3. Juni 1937 zur Rebublikanischen Armee in den Spanischen Bürgerkrieg aufbrach. In Begleitung zweier weiterer Tiroler erreichten sie zwölf Tage später Spanien. Winkler bezeichnete sich in einem Brief an seine Braut stolz als «Soldat der Freiheit». Der bekannte Schriftsteller, Journalist und Reporter Egon Erwin Kisch verewigte ihn neben dem als Helden beschriebenen Bair in seiner Reportage über den antifaschistischen Freiheitskampf in Spanien, «Die drei Kühe», als Vorbild für die Figur des Johann Knotzer. Bereits ein Jahr nach seiner Ankunft in Spanien fiel Johann Winkler in der Ebroschlacht am 26. Juli 1938.

Stepanek, Lebenswege Tiroler Spanienkämpfer, S. 34, 42f, 51 und 207.

Franz Wurzenrainer

geboren 13.11.1892 in Häring
gestorben 14.6.1944 in Straubing

Franz Wurzenrainer stammte aus einfachen Verhältnissen und verdiente seinen Lebensunterhalt nach Abschluss der Volksschule als Hilfsarbeiter. Im Ersten Weltkrieg geriet er in russische Kriegsgefangenschaft, aus der er 1918 fliehen konnte. Nach seiner Rückkehr lebte er in Kufstein und trat dort zunächst der SPÖ bei. Ab 1930 war er Mitglied der KPÖ und gehörte zum Umfeld von Adele Stürzl. Er nahm immer wieder an den Sitzungen der Gruppe teil, die sich nach 1938 um Stürzl und Georg Faé gebildet hatte, und war über den Besuch Robert Uhrigs in Kufstein informiert, offenbar jedoch ohne ihn persönlich kennenzulernen. Seine Verhaftung erfolgte im September 1942, gemeinsam mit zwei weiteren Kufsteinern, die ebenfalls der Widerstandsgruppe um Stürzl und Anton Rausch zugerechnet wurden. Im April 1944 stand er in München-Stadelheim vor dem 6. Senat des Volksgerichtshofes, angeklagt der Vorbereitung zum Hochverrat. In der Verhandlung reduzierte sich der konkrete Tatvorwurf auf das wiederholte Abhören von Feindsendern und die Bezahlung eines Mitgliedsbeitrages für die KPÖ. Vor dem Todesurteil bewahrte ihn die überaus günstige Beurteilung seiner Persönlichkeit durch den ermittelnden Gestapobeamten, der sich das Gericht anschloss und eine Zuchthausstrafe von sieben Jahren verhängte. Zur Verbüßung seiner Strafe wurde Wurzenrainer am 20. Mai 1944 nach Straubing überstellt. Einer Eintragung im dortigen Gefangenenbuch zufolge verstarb er wenige Wochen später aus nicht näher geklärter Ursache im Spitalstrakt des Gefängnisses.

Gefangenenbuch JVA Straubing B 13.
Online-Datenbank. De Gruyter Anklage 10 J 819/43 und Urteil 6H 28/44.

Josef Zeisser

geboren 17.2.1892 in Kirchbichl
gestorben 4.11.1942 im KZ Flossenbürg

Josef Zeisser war Zimmermann und lebte mit seiner Familie in Kirchbichl. Er verlor vermutlich in der Folge der Februarkämpfe 1934 in Wörgl seine Arbeit im Häringer Bergbau und verrichtete in den nächsten Jahren Gelegenheitsarbeiten als Kesselflicker bei den Bauern der Umgebung. Als 1938 die Alpenelektrowerke AG mit dem Bau des Kraftwerks in Kirchbichl begann, fand Zeisser dort in seinem angestammten Beruf als Zimmermann Beschäftigung. Über die Hintergründe und die genauen Umstände seiner Verhaftung ist nichts bekannt. Nach kurzer Gestapo-Haft in Innsbruck scheint Zeisser ab dem 28. April 1941 im KZ Flossenbürg auf: als politischer Häftling. Er verstarb im November 1941 an angeblicher «Herz- und Kreislaufschwäche». Seine Ehefrau Rosa blieb mit neun Kindern unversorgt zurück, Sohn Josef fiel im Alter von 19 Jahren an der Ostfront, Tochter Maria überlebte das KZ Ravensbrück.

Archiv der KZ-Gedenkstätte Flossenbürg.
Archiv der Mahn- und Gedenkstätte Ravensbrück.

Josef Zendron

geboren 7.1.1910 in Räfis (Buchs, Schweiz)
gestorben 1.4.1945 in Wien

Josef Zendron wuchs in Wattens auf. Er war gelernter Werkzeugmachermeister und in den 1930er Jahren in der Papierfabrik von Wattens beschäftigt, später auch an anderen Orten in Tirol und Bayern. Kurz nach seiner Heirat im Herbst 1943 erhielt Zendron seine Einberufung zur Ausbildung in der Gebirgs-Nebelwerferbatterie 6 in Vellach, Oberkrain. Als ein Teil der Einheit im September 1944 nach Celle/Niedersachsen verlegt werden sollte, entschloss er sich zur Desertion, die er bereits seit längerer Zeit mit seiner Frau Emma verabredet hatte. Die Flucht gelang bei einem Aufenthalt des Transports nach Celle in Schwarzach-St. Veit, von wo Zendron sich zu Fuß nach Wörgl zum vereinbarten Treffpunkt durchschlug. Von Innsbruck aus ging es Richtung Schweizer Grenze. Am 29. September 1944 wurde das Ehepaar in der Nähe von Pfunds verhaftet. Josef Zendron wurde dem Divisionsgericht nach Klagenfurt überstellt und am 8. November 1944 zum Tod verurteilt. Im März 1945 befand er sich im KZ Buchenwald, wenig später im Lager Leitmeritz (Litoměřice) in Tschechien, einem Außenlager des KZ Flossenbürg, das gegen Kriegsende Ziel zahlreicher Evakuierungs- und Todesmärsche war. Am 1. April 1945 vermerkte das Standesamt Wien Innere Stadt seinen Tod. Die genauen Umstände sind ungeklärt.

Internationaler Suchdienst Bad Arolsen.
Tiroler Landesarchiv, Sondergericht Innsbruck, KLs 115/44.

Literaturverzeichnis

Achrainer, Martin, Adele Stürzl (1892–1944). Die Rosa Luxemburg von Kufstein, in: Horst Schreiber / Ingrid Tschugg / Alexandra Weiss (Hg.): Frauen in Tirol. Pionierinnen in Politik, Wirtschaft, Literatur, Musik, Kunst und Wissenschaft. Tiroler Studien zu Geschichte und Politik Band 2, Innsbruck-Wien-München-Bozen 2003, S. 38-45.

Achrainer, Martin, «Wenn mir Jehova die Kraft gibt, werde ich niemals von seinem Glauben abfallen.» Tiroler BibelforscherInnen im Nationalsozialismus, in: Lisa Gensluckner / Horst Schreiber / Ingrid Tschugg / Alexandra Weiss (Hg.), Menschenbilder – Lebenswelten. Gaismair-Jahrbuch 2002, Innsbruck 2001, S. 69-80.

Außerlechner Hubert, Josef Außerlechner – Bruder Gereon OPraem., in: Gemeindezeitung Kartitsch, August 2014, S. 32.

Batlogg, Andreas R. / P. Johann Steinmayr SJ, in: Jan Mikrut (Hg.), Blutzeugen des Glaubens. Martyrologium des 20. Jahrhunderts. Band 3: Diözese Feldkirch, Innsbruck, Gurk, Salzburg, Wien 2000, S. 121-132.

Brantzen, Klaus, Pater Franz Reinisch – sein Lebensbild. Ein Mann steht zu seinem Gewissen, Neuwied 1993.

Emerich, Susanne (Hrsg.), Hätte ich eine innere Kraft ... : Leben und Zeugnis des Carl Lampert, Innsbruck-Wien 2011.

Engelmann, Elisabeth / Ernst Hintermaier, Johann Schroffner. Pfarrexpositus von Oberndorf in Tirol, in: Jan Mikrut (Hg.), Blutzeugen des Glaubens. Martyrologium des 20. Jahrhunderts. Band 3: Diözese Feldkirch, Innsbruck, Gurk, Salzburg, Wien 2000, S. 267-280.

Fux, Ildefons (Hrsg.), Schwester Angela Maria vom Heiligsten Herzen Jesu. Schriften der Dienerin Gottes Sr. Angela Maria vom Heiligsten Herzen Jesu (Maria Cäcilia Autsch), Maria Roggendorf 1992.

Garbe, Detlef, Zwischen Widerstand und Martyrium – Die Zeugen Jehovas im «Dritten Reich». Studien zur Zeitgeschichte. Band 42, München, 4. überarbeitete Auflage München 1999.

Gohm, Richard (Hrsg.), Selig, die um meinetwillen verfolgt werden: Carl Lampert, ein Opfer der Nazi-Willkür 1894–1944, Innsbruck-Wien 2008.

Gwiggner, Hans, Jahre voller Sorge – Kriegs-, Not- und Umbruchzeiten im Wörgler Blickfeld, in: Josef Zangerl (Hg.), Wörgl. Ein Heimatbuch, Wörgl 1998, S. 281-320.

Holzner, Johannes / P. Anton Pinsker SJ / P. Johann Reiter SJ / Helmut Tschol (Hg.), Zeugen des Widerstandes. Eine Dokumentation über die Opfer des Nationalsozialismus in Nord, Ost- und Südtirol von 1938 bis 1945, Innsbruck-Wien-München 1977.

Hormayr, Gisela, «Die Zukunft wird unser Sterben einmal anders beleuchten». Opfer des katholisch-konservativen Widerstands in Tirol 1938–1945, Studien zu Geschichte und Politik. Band 17, Innsbruck-Wien-Bozen 2015.

Hormayr, Gisela, «Ich sterbe stolz und aufrecht.» Tirols SozialistInnen und KommunistInnen im Widerstand gegen Hitler, Studien zu Geschichte und Politik. Band 15, Innsbruck-Wien-Bozen 2012.

Hormayr, Gisela, Josefine Brunner, Wörgl. Eine Frau vor dem Volksgerichtshof, in: Alexandra Weiss / Lisa Gensluckner / Martin Haselwanter / Monika Jarosch / Horst Schreiber (Hg.), Gaismair-Jahrbuch 2011. in bewegung, Innsbruck-Wien-Bozen 2010, S. 98-105.

Juen, Walter H., Dr. Carl Lampert. Diener Gottes, Provikar der Apostolischen Administratur Innsbruck-Feldkirch, in: Jan Mikrut (Hg.), Blutzeugen des Glaubens. Martyrologium des 20. Jahrhunderts. Band 3: Diözese Feldkirch, Innsbruck, Gurk, Salzburg, Wien 2000, S. 11-36.

Köck, Franz, P. Franz Reinisch SAC, Ordenspriester, Märtyrer, in: Jan Mikrut (Hg.), Blutzeugen des Glaubens. Martyrologium des 20. Jahrhunderts. Band 3: Diözese Feldkirch, Innsbruck, Gurk, Salzburg, Wien 2000, S. 107-120.

Kofler, Martin, Osttirol im Dritten Reich 1938–1945, Innsbruck-Wien-München-Bozen, 2. Auflage 2003.

Kunzenmann, Werner, Otto Neururer. Seliger, Priester und Märtyrer, in: Jan Mikrut (Hg.), Blutzeugen des Glaubens. Martyrologium des 20. Jahrhunderts. Band 3: Diözese Feldkirch, Innsbruck, Gurk, Salzburg, Wien 2000, S. 77-85.

Kunzenmann, Werner (Red.), Pfarrer Otto Neururer. Ein Seliger aus dem KZ, Innsbruck 1996.

Kunzenmann, Werner (Red.), Pater Jakob Gapp SM. Ein Märtyrer des Glaubens, Innsbruck 1996.

Kunzenmann, Werner, Provikar Dr. Carl Lampert. Zeuge in gnadenloser Zeit, Innsbruck 1999.

Kunzenmann, Werner, Rosa Stallbaumer. Bäurin (1897–1942), in: Jan Mikrut (Hg.), Blutzeugen des Glaubens. Martyrologium des 20. Jahrhunderts. Band 3: Diözese Feldkirch, Innsbruck, Gurk, Salzburg, Wien 2000, Einlageblatt o.S.

Mathies, Christian, Johann Vogl (1895–1944): Sozialist und Widerstandskämpfer, in: Monika Jarosch / Lisa Gensluckner / Horst Schreiber / Alexandra Weiss (Hg.), Gaismair-Jahrbuch 2009. Überwältigungen, Innsbruck-Wien-Bozen 2008, S. 77-87.

Michielli, Sabrina / Obermair, Hannes (Hrsg.), BZ '18–'45: ein Denkmal, eine Stadt, zwei Diktaturen. Begleitband zur Dokumentations-Ausstellung im Bozner Siegesdenkmal. Wien-Bozen 2016.

Muigg, Helmut / Martin Ortner, Sozialdemokratischer Widerstand in Tirol – Erinnerungskultur am Beispiel einer Gedenktafel, in: Horst Schreiber / Lisa Gensluckner / Monika Jarosch / Alexandra Weiss (Hg.), Gaismair-Jahrbuch 2006. Am Rande der Utopie, Innsbruck-Wien-Bozen 2005, S. 213-221.

Müller, Christina, «Die Vergessenen vom Paschberg». Eine Hinrichtungsstätte der Deutschen Wehrmacht in Innsbruck, in: Elisabeth Hussl / Lisa Gensluckner / Martin Haselwanter / Monika Jarosch / Horst Schreiber (Hg.), Standpunkte. Gaismair-Jahrbuch 2014, Innsbruck 2013, S. 176-183.

Naupp, Thomas, P. Edmund (Josef) Pontiller OSB, in: Jan Mikrut (Hg.), Blutzeugen des Glaubens. Martyrologium des 20. Jahrhunderts. Band 3: Diözese Feldkirch, Innsbruck, Gurk, Salzburg, Wien 2000, S. 87-105.

Pirker, Peter, «… Wir gehen gemeinsam in den Untergrund». Die Osttiroler Deserteure Alois Holzer, David Holzer und Franz Stolzlechner, in: Thomas Geldmacher / Magnus Koch / Hannes Metzler / Peter Pirker / Lisa Rettl (Hg.), «Da machen wir nicht mehr mit …» Österreichische Soldaten und Zivilisten vor Gerichten der Wehrmacht, Wien 2010, S. 126-137.

Rabofsky, Eduard, Die Widerstandstat als politisches «Delikt» und / oder «kriminelles Delikt». Probleme bei Ansprüchen nach dem Opferfürsorgegesetz wegen Verurteilung durch ein Strafgericht in der NS-Zeit, in: Zeitgeschichte 16 (1988/89) 7, S. 235-245.

Rettl, Lisa, «und dann denk' ich an die Frau Peskoller …» Weiblicher Widerstand und Desertionsdelikte, in: Thomas Geldmacher / Magnus Koch / Hannes Metzler / Peter Pirker / Lisa Rettl (Hg.), «Da machen wir nicht mehr mit …» Österreichische Soldaten und Zivilisten vor Gerichten der Wehrmacht, Wien 2010, S. 117-125.

Schreiber, Horst, Alfred Grundstein: Opfer der NS-Militärjustiz, in: Monika Jarosch / Lisa Gensluckner / Alexandra Weiss (Hg.), Gaismair-Jahrbuch 2009. Überwältigungen, Innsbruck-Wien-Bozen 2008, S. 88-98.

Schreiber, Horst, Nationalsozialismus und Faschismus in Tirol und Südtirol. Opfer. Täter. Gegner, Tiroler Studien zu Geschichte und Politik. Band 8, Innsbruck 2008.

Schreiber, Horst, Widerstand und Erinerung in Tirol 1938–1998. Franz Mair – Lehrer, Freigeist, Widerstandskämpfer, Innsbruck-Wien-München 2000.

Sommerauer, Andrea, Die Gedenktafel für Konrad Tiefenthaler, in: Gabriele Rath / Andrea Sommerauer / Martha Verdorfer (Hg.), Bozen Innsbruck. Zeitgeschichtliche Rundgänge, Wien-Bozen 2000, S. 134-137.

Sommerauer, Andrea / Ingrid Tschugg / Hannes Schlosser, Rundgang durch Itter. «Suche. Auf den Spuren einer Reise nach Europa», in: Lisa Gensluckner / Monika Jarosch / Horst Schreiber / Alexandra Weiss (Hg.), Gaismair-Jahrbuch 2001. Tirol gegen den Strom, Innsbruck-Wien-München 2000, S. 70-84.

Spieker, Brigitte, Schwester Angela Maria Autsch (1900–1944). Der «Engel von Auschwitz», in: Raimund Haas / Jürgen Bärsch, Christen an der Ruhr. Band 3, Münster 2006, S. 202-225.

Steinegger, Fritz, Frater Gereon (Josef) Außerlechner O. Praem., Laienbruder (1904–1944), in: Jan Mikrut (Hg.), Blutzeugen des Glaubens. Martyrologium des 20. Jahrhunderts. Band 3: Diözese Feldkirch, Innsbruck, Gurk, Salzburg, Wien 2000, S. 63-68.

Stöger, Peter, «Aus Liebe leiden mit dem Herrn». Sr. Angela Autsch, der Engel von Auschwitz, in: Konstantia Auer (Hrsg.), Starke Frauen in der Kirche Tirols, Innsbruck 2008, S. 84-98.

Stepanek, Friedrich, «Ich bekämpfte jeden Faschismus». Lebenswege Tiroler Spanienkämpfer, Studien zu Geschichte und Politik. Band 13, Innsbruck-Wien-Bozen 2010.

Thüminger, Rosemarie, «Mit offenen Augen. Adele Stürzl – Eine Annäherung», Innsbruck 2009.

Troyer, E. Johannes, Hitlerzeit im Villgratental. Verfolgung und Widerstand in Osttirol, Innsbruck 1995.

Wallgram, Peter, Hubert Mayr 1913–1945. Ein Leben im Kampf für die Freiheit, Innsbruck 2005.

Willi Weinert, «Ich möchte, daß sie Euch alle immer nahe bleiben ...»
Biografien kommunistischer WiderstandskämpferInnen in Österreich. Mit Anmerkungen
zum Widerstandskampf der Kommunistischen Partei Österreichs und einer Oferliste,
hg. von der Alfred Klahr Gesellschaft und der KPÖ Steiermark, Wien 2005. Auszug
unter www.klahrgesellschaft.at/Buecher/W_KaempferInnen.html

Widerstand und Verfolgung in Tirol 1934–1945. Eine Dokumentation, Band 1 und 2,
hg. vom Dokumentationsarchiv des österreichischen Widerstandes, Wien 1984.

Quellenverzeichnis

ARCHIVE, CHRONIKEN, ONLINEDATENBANK

Archive der Mahn-, Gedenk- und KZ-Gedenkstätten Dachau, Flossenbürg, Ravensbrück und
Sachsenhausen

Centre des Archives diplomatiques de La Courneuve. Ministère des Affaires étrangères et du
Développement international Paris

Deutsche Dienststelle für die Benachrichtigung der nächsten Angehörigen von Gefallenen der
ehemaligen deutschen Wehrmacht Berlin

Dokumentationsarchiv des österreichischen Widerstandes Wien

Dorfchronik Längenfeld

Gefangenenbuch der Justizvollzugsanstalt Straubing

Gendarmeriechronik Huben

«Heldenbuch» der Gemeinde Hopfgarten/Defereggen

Internationaler Suchdienst Bad Arolsen

Jehovas Zeugen Österreich, Geschichtsarchiv Wien

Militärarchiv Prag

Online-Datenbank De Gruyter

Schweizerisches Bundesarchiv Bern

Stadtarchiv Bozen

Stadtarchiv Hall

Stadtarchiv Innsbruck

Tiroler Landesarchiv

Yad Vashem Jerusalem